Mary Scherpe
An jedem einzelnen Tag

Mary Scherpe

AN JEDEM EINZELNEN TAG

Mein Leben mit einem Stalker

Lübbe

Alle Ereignisse, die ich schildere, sind so passiert. Die Zitate sind original und haben deswegen zuweilen Fehler. Ich habe jedoch Personen- und Ortsnamen, die in Zusammenhang mit dem Stalker stehen, geändert und einige Situationsbeschreibungen und Zeitangaben vage gelassen, um die wahren Identitäten der genannten Personen zu verbergen.

Dieser Titel ist auch als E-Book erschienen

Originalausgabe

Copyright © 2014 by Bastei Lübbe AG, Köln

Umschlaggestaltung: Guter Punkt, München
Einband-/Umschlagmotiv: © Till Janz Photography
Satz: Greiner & Reichel, Köln
Gesetzt aus der Minion Pro
Druck und Einband: GGP Media GmbH, Pößneck

Printed in Germany
ISBN 978-3-404-60829-4

5 4 3 2

Sie finden uns im Internet unter: www.luebbe.de
Bitte beachten Sie auch: www.lesejury.de

Für H.B.

»… and the only solution was to stand and fight …«

**Du
brauchst
keine
Angst
zu
haben**

Etwas hektisch suche ich in meinen Schubladen nach einem Klebeband, möglichst undurchsichtig. Zwischen alten Batterien, unbenutzten USB-Sticks und jeder Menge anderem Kram finde ich eine Rolle opakblaues Klebeband. Ich schneide ein quadratisches Stück ab und drücke es auf die obere Kante meines Laptops.

»Wieso hast du denn deine Kamera zugeklebt?«, fragt mich ein Freund später, als wir zu dritt in meiner kleinen Küche sitzen und uns den Abend mit 90er-Jahre-Musikvideos auf YouTube vertreiben, die wir auf meinem Computer schauen. Das große, blaue Klebeband dort, wo eigentlich die Kamera ist, ist kaum zu übersehen.

»Aus Paranoia«, antworte ich und hoffe, es klingt eher ironisch als ernst.

Du brauchst keine Angst zu haben. Es werden bevorzugt attraktive Frauen beobachtet.

Diese Zeilen bekomme ich Wochen danach mit einer Artikelempfehlung per Mail geschickt, angeblich im Namen einer meiner engsten Freundinnen. Die E-Mail verweist auf einen Text mit dem Titel: »How Women Can Stop Webcam Hackers.«

Meine Kamera ist da längst überklebt. Was ich meinen Freunden gegenüber noch lustig herunterzuspielen versuchte, muss mir der Stalker gar nicht androhen. Ich bin selbst darauf gekommen. Und ihm zuvorgekommen.

Vielleicht ist es eine leere Drohung. Vielleicht werde ich aber auch seit Wochen beobachtet, wie ich am Wochenende im Schlafanzug auf dem Bett sitze, Müsli esse und *Seinfeld* schaue. Oder wie ich im Büro Mails schreibe. Vielleicht überwacht er mich bis heute, sieht mir zu, wie ich diesen Text tippe.

Und ich schreibe dennoch.

Everything is awesome

Es ist nun nicht gerade so, dass ich mich erinnere, wo ich war, oder was ich gemacht oder gedacht habe, als ich das erste Mal etwas vom Stalker mitbekam. Geschweige denn, dass ich ihn direkt »Stalker« genannt hätte. Es war irgendwann Mitte Juni 2012, als ich auf einen Instagram-Account stieß, der mir irgendwie seltsam vorkam. Ich selbst hatte zu dem Zeitpunkt bereits seit einem Jahr ein Konto bei diesem Social-Media-Dienst. Die Bilder, die ich dort hochlud, waren meist triviale Schnappschüsse aus meinem Leben – mein erstes Foto war zum Beispiel das von zwei Kühen auf der Weide, denen ich in meinem Heimatdorf begegnet bin. Ansonsten sammelte ich hauptsächlich blühende Bäume, Bücher, die ich auf dem Flohmarkt fand, oder Berliner Sonnenuntergänge. Ich nutzte Instagram im Prinzip täglich, und deswegen fiel mir schnell dieses Konto mit dem Namen *stillinberlin* auf. Neben dem Titel mit dem einen »l« zu viel stand außerdem *Maria Scherge* – eine klare Anspielung auf meinen Namen. Hochgeladen wurden auf das Konto bisher ein Foto von Brathühnchen und eines von Josef Ackermann, der die Hand zum Peace-Zeichen hebt und grinst.

Welcher Kommentar unter den Bildern stand, weiß ich nicht mehr, aber ich erinnere mich, dass ich schnell verstand, dass jedes Foto im Prinzip eine Antwort auf eines meiner Instagram-Fotos war. Das Brathühnchen war wohl eine Anspielung auf den Salat, den ich kurz davor zum Mittagessen hatte. Ich hatte wie so oft ein Foto davon auf Instagram gestellt. Aber was konnte man an einem banalen Bild von Gurken und Tomaten schon finden, um darauf mit Brathähnchen zu antworten? Überhaupt, wieso würde sich jemand die Mühe machen, ein Konto zu eröffnen, das mich nachahmte? Irgendjemand wollte sich wohl einen

Scherz erlauben. Natürlich war es nicht das erste Mal, dass ich mit seltsamen Reaktionen auf mich oder meinen Blog im Internet konfrontiert wurde – ich bloggte zu diesem Zeitpunkt seit sechs Jahren und wusste, welche Merkwürdigkeiten das Internet hervorbringen kann. Aber ich erinnere mich bis heute, dass mir dieser Fall sofort merkwürdig vorkam. Dass jemand ein Konto »in meinem Namen« eröffnete, bereitete mir ein schlechtes Bauchgefühl. Allerdings wusste ich weder wie noch ob ich überhaupt darauf reagieren sollte. Schließlich gab es keine Informationen zum Urheber. Wichtig schien mir daher, es erst einmal nicht überzubewerten, im Zweifel würde sich das schnell wieder geben.

Das Konto mit dem Namen *Maria Scherge* hatte zu dem Zeitpunkt allerdings schon 120 andere Instagram-Nutzer abonniert und konnte elf Abonnenten für sich gewinnen. Ein paar Tage später waren es schon 34 Bilder, die auf dem Konto zu finden waren, außerdem wurde es von *Maria Scherge* in *Marianne von Schelpe* umbenannt. Als Profilbild sah ich dort das Porträt einer Frau mit orangefarbener Plastiktüte über dem Kopf. Das verstand ich sofort – es war eine fiese Anspielung auf mein eigenes Profilbild, ein Foto von mir mit einem geblümten Tuch um Kopf und Gesicht, das ich mal für eine Ausstellung über Selbstporträts gemacht hatte. Damals war ich einfach mit keinem Foto, das ich von mir machte, zufrieden. Deswegen band ich mir schließlich das Tuch um den Kopf. Eine Plastiktüte war jedoch etwas ganz anderes.

»Das ist doch irgendein Spinner mit viel zu viel Zeit, dem wird das schnell wieder langweilig«, versuchte mich eine Freundin zu beruhigen. »Gib dich nicht mit so was ab, dazu ist doch deine Zeit viel zu schade.« Ja, sie hatte Recht. Und trotzdem musste ich immer wieder schauen, was auf dem Konto passierte. Auch weil mich schon Bekannte und Freunde darauf ansprachen. *Marianne von Schelpe* hatte mittlerweile die Konten von 537 anderen Instagram-Nutzern abonniert, darunter viele meiner eigenen Kontakte. Die meisten von ihnen bekamen es nicht mit oder ignorierten es. Manche dachten, es sei einfach ein Spaßkonto, das ich mir selbst eingerichtet hatte. Anderen wiederum kam es komisch vor, und sie meldeten sich bei mir. Mich beunruhigte das Ganze zunehmend, und ich wollte nicht, dass die Sache größer wurde.

Deshalb wandte ich mich an Instagram, um die Löschung des Kontos zu erwirken. Allerdings hatte ich wenig Hoffnung. Instagram war im Sommer 2012 zwar wahnsinnig erfolgreich und deswegen gerade von Facebook gekauft worden, allerdings arbeiteten an dem Dienst zu dieser Zeit nur knapp zwanzig Leute irgendwo in Silicon Valley in Kalifornien. Auf der Webseite riet man mir unter dem Punkt »Erfahre, wie du auf Missbrauch reagieren kannst«, dass ich zunächst einmal »Instagram verstehen« sollte, denn »viele Menschen nutzen Instagram auf sehr spezielle Weise, die andere verwirren kann, wenn sie etwas losgelöst vom Kontext betrachten«. Schließlich gäbe es die ein oder an-

dere »Besonderheit« bei der »Kommunikation im Internet«. Am Ende hieß es dort, man solle das störende Konto »blockieren und ignorieren«. Denn oftmals verschwände das Interesse, wenn es keine Reaktion gibt. Ich kenne diesen Rat, er gehört zum Einmaleins der Kommunikation im Internet, und ich folge ihm oft. Als die ersten böswilligen Kommentare auf meinem Blog *Stil in Berlin* auftauchten, begann ich diese zu moderieren und alles zu löschen, was nur der Beleidigung wegen geschrieben wurde. Zu den Grundregeln gehört auch, dem Absender nicht zu antworten oder gar mit ihm zu verhandeln. Das entspricht dem Satz »Don't feed the trolls« – gib denen, die dich ärgern wollen, kein Futter und sie werden verhungern –, den man online ständig liest, wenn es um solche Probleme geht. Ich weiß, dass das in vielen Fällen funktioniert, oft verlieren jene, die lediglich auf Schikane aus sind, die Lust, wenn man ihnen keine Plattform bietet. Aber hier ging es nicht nur darum, mich persönlich zu ärgern. Den Täter als »Troll«, der mich lediglich ein bisschen nerven wollte, abzutun unterschätzte seine Absichten. *Marianne von Schelpe* wollte, dass alle diese Angriffe sahen. Derjenige, der hinter dem Konto steckte, sorgte mit dem Abonnieren vieler anderer Nutzer dafür, dass immer mehr auf die Bilder aufmerksam wurden.

Der Hilfebereich bei Instagram schlug mir vor, das Konto zu melden, wenn es sich um »wiederholten und exzessiven Missbrauch« handele und dieser »auch nach Durchführung aller präventiven Maßnahmen weiterhin« bestünde. Ich tat dies mehrmals, füllte das vorgegebene Formular auf der Website auf Englisch aus, gab alle Informationen an, die ich hatte, und klickte auf »Send«. Wohin das Formular auch gesandt wurde, von dort kam nichts zurück. Ob es überhaupt jemand in Empfang nahm, es las und sich mit dem Problem auseinandersetzte, abwägte, ob es sich wirklich um einen Missbrauch handelte oder nicht, wusste ich nicht. Aber da keine Antwort kam, schien es nicht der richtige Weg zu sein, um bei Instagram jemanden auf mein Problem aufmerksam zu machen. Während ich mich durchaus fragte, ob ich bereits ein richtiges Problem hätte. War es schon Missbrauch, wenn jemand das Bild eines Mannes mit Laubsauger hochlud und in der Bildunterschrift auf meinen Blog-Artikel über die Berliner Urban-Gardening-Initiative »Prinzessinnengarten« verwies? Wenn also jemand anonym und sarkastisch über meinen Blog herzog? Oder musste ich das akzeptieren?

Was mich jedoch richtig nervte, war weniger der Inhalt, als die Tatsache, dass viele Leute dachten, das sei mein eigener Account, auf dem ich mich gewissermaßen über mich selbst und meinen Blog lustig machte. Mittlerweile hatte das Konto von *stillinberlin* einige Anhänger – über siebzig hatten nicht nur das Konto gesehen, sondern entschieden, dessen Fotos zu abonnieren. Fanden die vielleicht das Bild der Frau mit der Plastiktüte über dem Kopf witzig? Was für ein eigenartiger Humor war das?

Über Google fand ich endlich eine E-Mail-Adresse von Instagram und schickte dahin eine Schilderung meines Problems. Außerdem kontaktierte ich einen Bekannten bei Facebook mit der Bitte, mir einen Rat zu geben. Am 29. Juni, zwei Wochen später, wurde der Account endlich auf Betreiben meines Bekannten hin gelöscht.

Ich verstand natürlich die Bredouille, in welcher die Teams hinter den populären sozialen Netzwerken steckten. Sie hatten eine technisch einfache Möglichkeit geschaffen, im Netz zu kommunizieren, und wurden schnell so populär, dass Millionen Menschen den Dienst nutzen wollten – gleichzeitig war das Team nicht dafür ausgerüstet, diese Kommunikation vor Missbrauch zu schützen. Es ging ja erst einmal um den Spaß am Austausch. Schnell aber stand die schiere Menge an Nutzern einer Kontrolle der verbreiteten Inhalte entgegen – im April 2012 gab es dreißig Millionen Konten auf Instagram –, heute nutzen den Dienst monatlich über hundertfünfzig Millionen Menschen. Wie groß muss ein Team sein, das zeitnah und sensibel die hier entstehenden Probleme analysiert und klärt? Und auf welcher Rechtsgrundlage wird das geregelt? Der amerikanischen, weil dort der Sitz des Unternehmens ist, oder der deutschen, weil die Bilder von hier gesendet werden? (Eine Antwort auf meine E-Mail an Instagram erhielt ich übrigens nie. Heute funktioniert die Adresse nicht mehr.)

Jedenfalls war das Konto von *stillinberlin* auf Instagram nun gelöscht. Damit war das Problem allerdings nicht erledigt – ich fand quasi sofort Konten mit demselben Namen und dem Plastiktütenprofilbild auf anderen Diensten. Zum Beispiel bei dem Ortsmeldungsdienst Foursquare, bei dem man sich an dem Ort, an dem man sich aufhielt, virtuell anmelden, Fotos und Tipps hinterlassen konnte. Ich benutzte Foursquare dafür, Restaurants und Läden, die ich irgendwann mal besuchen wollte, in einer To-do-Liste zu speichern, und um zu sehen, was andere darüber sagten. Das Konto mit dem Namen *stillinberlin* loggte sich aber nun regelmäßig als Gast in meinem Büro in Berlin-Mitte ein, für das ich aus Spaß ebenso einen Foursquare-Ortseintrag angelegt hatte. Als ich das sah, lief es mir kalt den Rücken runter. Die Person stand (noch) nicht neben mir und war vielleicht nicht mal im selben Haus, aber allein die virtuelle Anwesenheit machte mir Sorgen. Hinter all diesen Aktionen steckte jemand, der in meiner Nähe war und wollte, dass ich das wusste. Von da an war jedes Mal, wenn ich im Büro war, *stillinberlin* da. Die Foursquare-Anmeldung an einem Ort kann zwar unproblematisch aus fünf oder zehn Kilometern Entfernung vorgenommen werden, aber dennoch gruselte es mich. Ging es hier wirklich nur um einen lapidaren Scherz?

Als kurz darauf dieser Jemand mein Klingelschild am Büro fotografierte und es bei Foursquare online stellte, war ich wirklich alarmiert. Das war vermutlich das erste Mal, dass ich mich wirklich verfolgt fühlte und das, was da passierte, mit Stalking in Verbindung brachte. Ich speicherte das Foto, schickte es einem Freund und fügte hinzu »ein Berliner Stalker ...«.

Nun schrieb ich also Foursquare an, um mitzuteilen, dass es ein Konto gab, das mich nachahmte. Die Antwort kam sofort – der Name des Kontos wurde von *stillinberlin* zu *berlin* geändert, mehr könne man nicht tun, ich solle mich aber melden, sobald es eskalierte. Das Konto wurde daraufhin vom Eigentümer gelöscht.

Aber auch jetzt endete es nicht – denn neben dem Foursquare-Konto gab es ein *stillinberlin*-Konto bei Twitter, einem Service, über den Nutzer kurze, bis zu 140 Zeichen lange Textnachrichten, Tweets, verbreiten können. Auch hier kann man andere Konten abonnieren, deren Tweets in einer chronologischen Liste erscheinen, die man favorisieren, wiederholen (retweeten) und auf die man öffentlich oder privat antworten kann. Ich selbst hatte zwei Konten, eins mit dem Namen *stilinberlin* für alle Belange des Blogs und eines in meinem Namen, auf dem ich andere Themen diskutierte, hin und wieder Trivialeres teilte oder Artikel, die ich gelesen hatte, empfahl.

Am 25. Juni kurz nach 18 Uhr abends, wenige Stunden nachdem das Instagram-Konto gelöscht wurde, meldete sich das Twitter-Konto *stillinberlin_*, mit dem Namen *Marianne von Schelpe* und dem Profilbild der Frau mit der orangefarbenen Plastiktüte über dem Kopf. Das war nun der dritte Social-Media-Dienst, den *Marianne* benutzte. Und natürlich war wieder kein Urheber auszumachen. Dass es wenig Sinn hatte, Twitter um die Herausgabe der Informationen über den Ursprung des Kontos zu bitten, wusste ich. Solche Informationen hielten die Anbieter in der Regel geheim, wenn keine offizielle Anfrage der Polizei kam.

Mir wurde langsam klar, wie machtlos ich in der Abwehr war – sobald ich geschafft hatte, eines der Konten löschen zu lassen, tauchten neue auf. Ich ahnte, dass es egal war, wo ich *Marianne* stoppte, es würde genügend Orte geben, an denen »sie« wieder auftauchen konnte.

Ich machte einen Screenshot von dem ersten Tweet: *Everything is awesome*. Ich fand es jedoch überhaupt nicht *awesome*, ich fand es furchtbar. Wie viele Konten sollte es noch geben? Wie lange würde dieser »Spaß« dauern?

In den nächsten Tagen ging es weiter. Als Reaktion auf die Löschung des Instagram-Kontos schrieb *Marianne von Schelpe* erst: *We'll be back soon!* Und später: *Wir geben niemals auf.*

Das war eine Kampfansage. Dementsprechend schrieb »sie« weiter:

Glossybox mit Ostprodukten eingetroffen. Hoffentlich hilft das gegen meine unreine Haut.

Heute sind wir auf dem Weg zum Gehirn. Mal sehen, ob wir etwas finden.

Heute hänge ich Fotos auf eine Wäscheleine und fahre Kraftrad.
Ich schickte diese Nachrichten an Twitter und bat, das Konto zu löschen. Nachdem ich zunächst einen Scan meines Ausweises einschicken musste, um meine Identität zu beweisen, erhielt ich prompt die Absage, denn die Tweets von *Marianne von Schelpe* verstießen nicht gegen die Twitter-Regeln. Ich sollte mehr Belege für die bösen Absichten des Täters einreichen.

Bis ich denjenigen, der das tat, ernsthaft »Stalker« nannte oder bis ich überhaupt begriff, dass ich gestalkt wurde, dauerte es eine Zeit. Mit dem Begriff hatte ich bislang Klischeebilder verbunden, sei es der Superstar, der in seiner Garderobe Briefe von irren Fans bekommt (wie im Film *Bodyguard* mit Whitney Houston), oder die sich ängstlich umschauende Frau, die in einer dunklen Gasse verfolgt wird. Mein Problem schien sich bisher ja lediglich auf Konten bei Social-Media-Seiten, die sich über mich lustig machten, zu beschränken. Fiel das unter Stalking oder war das hier ein ganz anderer Straftatbestand? Etwa Beleidigung oder üble Nachrede? Ich war ratlos.

Wer auch immer hinter all den Konten steckte, betrieb seine Arbeit – und ich muss es in Anbetracht der Zeit und Mittel, die er bereits investierte, Arbeit nennen – gewissenhaft. Er verfolgte alle Spuren von mir im Netz und reagierte auf jeden neuen Eintrag. Wenn ich einen längeren Artikel publizierte, schrieb derjenige: *Heute gibt's in meinem Blog zur Abwechslung mal interessante Hintergrundberichte. It's awesome.*

Wenn ich gerade nichts in meinem Blog veröffentlichte, twitterte das Konto: *Wir ruhen uns heute etwas aus? (Oder hat die Praktikantin etwas geschrieben?)*

Aber das war doch nur kurze, dumme Häme, die lediglich online stattfand. Ich müsste einfach nicht hinschauen, Twitter nicht benutzen, oder den Rechner ganz auslassen. Es könnte so einfach sein.

Einfach ist das aber nur für denjenigen, der auf einem Unterschied zwischen der On- und der Offline-Welt besteht und der Meinung ist, diese ließen sich problemlos trennen. Für mich ist »das Netz« aber kein separater Raum, sondern Teil meines Lebens. Hier halte ich genauso Kontakt mit Freunden, die nicht in meiner Nähe wohnen, wie mit denen, die um die Ecke sind – nehme teil an ihren Gedanken und Erfahrungen, lese Nachrichten und Gossip, erfahre von Veranstaltungen und so weiter. Und nicht zuletzt verdiene ich im Internet mein Geld, denn seit über acht Jahren blogge ich auf www.stilinberlin.de, das ist mein Beruf.

2006 fing ich zusammen mit einem Freund an, Menschen auf der Straße, die uns auffielen, zu fotografieren und diese Bilder auf den Blog zu stellen. Später kamen Porträts von Menschen zu Hause dazu, dann Berichte über Modegeschäfte, Restaurants und Galerien. Heute geht es auf meinem Blog meistens darum, wo man den besten Kaffee in Berlin trinkt, welche interessanten Ausstellungen zu sehen sind oder wo man das leckerste Brot kaufen kann. Mittlerweile ist der Blog in Berlin recht bekannt und wird von bis zu 6000 Menschen täglich besucht. Die Inhalte findet man aber nicht nur auf unserer eigenen Webseite, sondern auch auf Social-Media-Diensten wie Facebook, Twitter, Instagram, Foursquare und Tumblr; über 70 000 folgen allein der Facebook-Seite Stil in Berlin. Das ist meine Arbeit – ich verdiene seit 2009 damit meinen Unterhalt, und seit ich 2011 mein Studium in Kunstgeschichte und Japanologie abgeschlossen habe, arbeite ich Vollzeit an dem Blog. Er finanziert sich und alle, die daran arbeiten, aus auf dem Blog geschalteten Werbeanzeigen; als Fotografin und Journalistin arbeite ich außerdem hauptsächlich für Online-Publikationen.

Die Option, mich aus dem Netz zurückzuziehen, Social-Media-Dienste nicht mehr zu nutzen und keine Informationen mehr online zu stellen, besteht für mich einfach nicht, weder beruflich noch privat. Denn das hieße, einen großen und bedeutenden Teil meines Lebens aufzugeben.

Das »virtuelle Leben« ist für mich und viele meiner Freunde und Bekannten untrennbar mit dem »realen Leben« verbunden. Das Internet ist für uns keine Parallelwelt, die man je nach Bedarf an- und abschalten kann, oder ein notwendiges Übel, dem man auf keinen Fall mehr Raum geben sollte als unbedingt notwendig.

Die Zweifel gegenüber dem Netz und seinen Gefahren sind groß und meine eigene Geschichte dient nicht gerade dazu, diese abzubauen. Vielleicht scheine ich zu wenig skeptisch oder naiv angesichts dessen, was mir passiert ist. Aber ich weigere mich, dem Internet die Schuld zu geben – schuld ist allein der Täter. Gäbe es das Internet nicht, würde er mich über andere Wege schikanieren. Da bin ich mir sehr sicher. Und ob er mich online oder offline verfolgt, macht für mich kaum einen Unterschied.

Teresa Buecker brachte es auf den Punkt, als sie im Oktober 2011 für die *Frankfurter Allgemeine Zeitung* einen Artikel mit dem Titel »Das Ende des Internets« schrieb:

»Es ist lange überfällig, den Unterschied zwischen dem Leben im Netz und dem Leben im Hier und Jetzt aufzugeben. Das Internet gibt es nicht. Das Netz ist an dieser Stelle zu Ende, es hat sich als Ort aufgelöst, es ist überall dabei, auf Schritt und Tritt. Es gibt kein echtes Leben, kein Real Life und kein virtuelles. Jeder Mensch hat nur ein Einziges davon.«

Doch die Überlegungen, ob sich die Belästigungen ignorieren ließen, wenn ich mich vom Internet fernhielte, wurden – leider – ebenso schnell unnötig. Schon Ende Juni bekam ich die ersten Anrufe von anonymen Nummern auf mein Handy. Wenn ich ranging, hörte ich am anderen Ende nichts: weder jemanden atmen noch irgendwelche Umgebungsgeräusche. Es war einfach still, und irgendwann wurde aufgelegt. Angerufen wurde ich entweder frühmorgens oder spätnachts, erst halb zwölf, dann zwei, dann drei Uhr nachts und dann wieder halb sieben, viertel vor und noch einmal Punkt sieben Uhr morgens. Schnell hörte ich auf, mich zu melden, starrte nur ungläubig auf mein Handy, das nicht aufhörte zu klingeln. Manchmal ging ich doch ran, aber ohne »Hallo« zu sagen, und lauschte einfach zurück. Konnte er mich atmen hören? Oder gar mein Herz, das mir dabei oft bis zum Hals schlug?

Wer rief mich da an, fragte ich mich. Ich ahnte, dass die Anrufe vom gleichen Urheber kamen wie die Konten auf den Social-Media-Seiten. Aber wer steckte hinter all diesen Übergriffen?

Mitte Juli, knapp einen Monat nachdem ich das erste Instagram-Konto entdeckt hatte, fand ich Informationsmaterial zu Brustvergrößerungen von Kliniken in Deutschland und Polen im Postkasten meines Büros. Ich rief bei den Kliniken an um zu fragen, wie sie an meine Adresse gekommen sind – jemand hatte meinen Namen und meine Daten in ein Formular auf deren Website eingegeben, aus einer vorgegebenen Liste »Brustvergrößerung« ausgewählt und die Informationen für mich bestellt. Ich war sprachlos.

Trotz beleidigenden Nachrichten auf Twitter wie: *Wer ist denn die Frau mit dem pelzigen Gesicht und der großen Nase* oder *Bin unterbelichtet. (But it's awesome of course.)*, hoffte ich immer noch, dass sich da jemand einen kurzweiligen, bald endenden Scherz erlaubt hatte. Als ich die Post von den Kliniken in der Hand hielt, wurde mir klar, dass das Anliegen hinter diesen ganzen Aktionen ein schlechteres sein musste. Ich wusste sofort, dass es dieselbe Person sein musste, die hinter den Twitter- und Instagram-Konten steckte und mich nachts anonym anrief. Das war kein blöder Streich mehr. Dieser Jemand meinte mich ganz persönlich und wollte mich so oft wie möglich und auf so vielen Wegen wie möglich daran erinnern, dass es ihn gab und er mir übel mitspielen würde. Aber wer konnte das sein? Wer könnte so eine Wut auf mich haben? Ich zerbrach mir den Kopf, zwar hatte ich eine Ahnung, aber ich traute ihr nicht – obwohl die Hinweise auf eine bestimmte Person da waren. Zugegeben hielt ich eben diesen Menschen nach allem, was ich mit ihm erlebt hatte, für reichlich sozial gestört, aber wäre er wirklich dazu fähig?

Es war längst keine vorübergehende Blödelei mehr, hier

stalkte mich jemand. Ich wusste, dass ich etwas tun musste, denn bei den jeweiligen Internet-Diensten fand ich keine Hilfe. Könnte ich Anzeige erstatten? Aber gegen wen oder was? Oder war das vielleicht zu voreilig? War das eventuell zu aggressiv? Ich hatte keine Ahnung von den Abläufen bei der Polizei und der rechtlichen Regelung; trat ich mit einer Anzeige vielleicht eine Lawine los? Gab es bei der Polizei vielleicht ein Team von verbeamteten Hackern, die mit IP-Tracing und sonstigen technisch hoch entwickelten Methoden nächtelang ermittelten, um den Täter zu finden? War das deren Aufgabe? Waren die dafür ausgerüstet? Immerhin befanden wir uns im Jahr 2012, nicht 1999.

Ich googelte Stalking und fand die Internetwache, eine Website, auf der man eine Anzeige online erstatten kann. Ich dachte, auf diesem Weg einen Beamten mit Internet-Know-how zu erreichen. Außerdem waren mir Twitter-Nachrichten wie: *Wenn ich auch nur so schöne Beine hätte wie die Augustin Teboul-Models. Das wäre awesome,* und Informationsmaterialien zu Brustvergrößerungen durchaus unangenehm, deshalb wollte ich es vermeiden, männlichen Polizeibeamten auf der Wache davon zu erzählen.

Das Formular zur »Anzeige einer vermuteten Straftat« füllte ich gewissenhaft aus, beschrieb die Gründe, trug in dem Feld »Wo es passierte« aber lediglich die Webadresse des Twitter-Profils von *Marianne von Schelpe* ein und klickte auf »Senden«. Ich schickte weder Screenshots noch sonstige Beweise oder Erklärungen mit, ich glaubte, das Formular erreichte bei der Internetwache jemanden, der wüsste, was ich mit Instagram, Foursquare und Twitter meinte.

Nach dem Absenden des Formulars geschah zunächst nichts. Also wirklich nichts: Ich wurde nicht angerufen, es kam keine schriftliche Vorladung für eine Aussage, ich erhielt auch keine Eingangsbestätigung oder ein Aktenzeichen. Ich erhielt aber neue Postsendungen, die in meinem Namen bestellt wurden, und neue Nachrichten über Twitter: *Das wird wieder anstrengend. Wer trägt mir in den nächsten Tagen meine Goodybags?*

Ich ging dazu über, die Tweets an Twitter zu schicken, meldete das Konto mehrmals wegen Beleidigung. Aber meine Beschwerden wurden wiederholt mit dem Verweis abgewiesen, dass *Marianne von Schelpes* Tweets nicht gegen die Regeln verstoßen würden. Was für Regeln sollten das sein, wenn sie solche Aktivitäten nicht verboten? Ich las nach, verboten waren auf Twitter Identitätsbetrug, die Verwendung von fremden Markenzeichen und Urheberrechtsverletzungen. Das war es. Alles andere, Drohungen und offensive Beleidigungen waren also erlaubt? Ich konnte das kaum glauben, aber so waren die Twitter-Regeln im Sommer 2012.

Als ich nach sieben Tagen immer noch nichts auf meine Anzeige hin gehört hatte, ging ich doch direkt zur Wache. In meiner Mittagspause betrat ich das Gebäude, das ich bisher nur von einem banalen Taschendiebstahl kannte. Ich erzählte den anwesenden Polizisten mit klopfendem Herzen, dass mich jemand stalkte, dass ich online Anzeige erstattet, aber nichts gehört hatte. Ich sagte ihnen, dass ich immer noch Post bekam und es bei Twitter weiterging, dass Twitter selbst nichts dagegen tat, und fragte, was ich denn jetzt machen sollte. Auch erzählte ich, dass der Stalker meine Klingel fotografiert und das Foto ins Netz gestellt hat, um mich wissen zu lassen, dass er in meiner Nähe war. Die Polizisten auf der Wache, allesamt Männer, schauten mich betroffen an. Vielleicht verwechselte ich das jedoch lediglich mit Ratlosigkeit. Einer von ihnen ergriff das Wort und riet mir, beim Zivilgericht eine Gewaltschutz-Anordnung zu beantragen, damit sich der Stalker mir nicht mehr nähern oder mit mir in Kontakt treten dürfe. Aber ich könne ja nicht beweisen, wer der Täter sei, der agiere ja anonym, entgegnete ich. Ja, in dem Fall könne man mir im Moment nicht helfen. Der Polizist zuckte mit den Schultern, als er das sagte. Aber vielleicht habe ich das alles nur falsch in Erinnerung. Die Anzeige würde mit Sicherheit bearbeitet werden, sagte er mir. Das könne aber dauern. Denn die Internetwache war gar keine spezielle Abteilung der Polizei, sondern lediglich eine Art virtueller Briefkasten. Alle Anzeigen, die über das Formular eingingen, wurden an die jeweilige, nach Postleitzahl des Meldeortes des Geschädigten zuständige Wache weitergeleitet, dort ausgedruckt und nach Standardregeln bearbeitet. Bei meiner Anzeige trug der zugewiesene Polizist später unter »Örtlichkeit des Geschehens« – Internet – ein, das lief unter »sonstige Räumlichkeit«.

Angespannt verließ ich die Wache. Ich hatte mich nicht getraut, von meiner Vermutung, wer der Täter war, zu erzählen, denn ich konnte sie schließlich nicht beweisen. Ich wollte niemandem zu Unrecht die Polizei auf den Hals hetzen. Und sollten sie mir nicht einen Rat geben, egal ob ich ahnte, wer der Täter war?

Was hatte ich denn erwartet? Dass die Beamten alarmiert in ihre Autos springen, zum Büro von Twitter-Deutschland rasen und die Einstellung des Kontos verlangen? Dass sie Zivilstreifen schicken, um mein Büro zu bewachen, bis der Stalker wieder mein Klingelschild fotografiert?

Ehrlich gesagt hatte ich gar nichts erwartet, mir war in dem Moment nur keine andere Lösung eingefallen, als direkt in der Wache um Hilfe zu bitten. Seit dem Foto mit der Klingel rechnete ich jeden Moment damit, Fotos zu bekommen, die der Stalker unbemerkt von mir gemacht hatte. Zwar hatte ich bisher keine Drohungen erhalten, aber ich fühlte mich verfolgt und wurde permanent belästigt und gedemütigt.

Irgendwie konnte ich den Polizisten aber auch keinen Vorwurf machen, schließlich handelten sie nach Vorschrift oder wussten es nicht besser. Vielleicht war so ein Fall bisher einfach nicht aufgetaucht, und deshalb wusste niemand, wie damit umzugehen war. Und es gab mit Sicherheit hunderte viel dringendere Fälle in Berlin, sagte ich mir. Dass sie Twitter vielleicht gar nicht kannten oder das Gefühl einer Bedrohung im Falle von »Internetkram«, wie sie es vielleicht nannten, gar nicht nachvollziehen konnten, lag ja nicht an ihnen, sondern an der weit verbreiteten Auffassung, dass alles, was im Internet passiere, irgendwie virtuell und nicht real sei.

Egal aus welchen Gründen; das Gefühl, nicht ernst genommen zu werden, war schlimm. Ich kam mir vor, als wäre ich gegen eine Wand gelaufen, denn schließlich hatte ich all meinen Mut zusammengenommen, um zur Wache zu gehen und dort mein Problem zu schildern. Ich ahnte ja, dass man mich und mein »Internet-Problem« bei der Polizei kaum ernst nehmen würde. Mein eigentlich so lächerliches »Internet-Problem«. Ich war mir in keiner Weise sicher, dass ich das Recht hatte, eine Anzeige zu erstatten, und mein Besuch auf der Wache hatte diese Zweifel nicht gerade zerstreut. Zwar fühlte ich mich belästigt und verfolgt, aber meine Freunde rieten mir weiterhin, es zu ignorieren. Selbst ich zweifelte an der Schwere meines Problems, ich wollte ja nicht aus einer Mücke einen Elefanten machen. Bei meinen Recherchen zum Thema Stalking las ich von weitaus schlimmeren Fällen, bei denen Frauen und Männer über Jahre in ihren Häusern und Wohnungen belästigt und tätlich angegriffen wurden. Was waren dagegen ein paar Nachrichten über Twitter, nächtliche Anrufe und unerwünschte Post?

Ich war ziemlich hilflos.

Wieso war ich nicht in der Lage, einfach über die Post und die Nachrichten hinwegzusehen? Warum musste ich wieder und wieder auf das Twitter-Konto von *Marianne von Schelpe* schauen? Musste Tweets lesen wie *Mein Vater war ein Panzerfahrer*. Oder *Ob es wohl jemandem auffällt, wenn ich heute noch schlechtere Fotos poste als sonst*?

Es zu ignorieren war leichter gesagt als getan, aber es war die einzige Lösung, die mir und anderen einfiel. Keiner schien zu wissen, wie man mit so einem Problem eigentlich umgeht. Die Artikel, die ich im Netz dazu fand, rieten, zur Polizei zu gehen, die Telefonnummer zu wechseln und keine Informationen im Netz zu veröffentlichen. Außerdem las ich, dass Freunde beginnen sollten, die Taten des Stalkers zu dokumentieren, damit ich der Belastung entging. Mir wurde geraten, mein Leben so weit wie möglich umzuorganisieren, mich unsichtbar zu machen und dann noch meine Freunde zu nerven, von denen mir viele doch die ganze Zeit sagten, ich solle es einfach ignorieren. Ich habe mich nie getraut, irgendeinen von ihnen um die Dokumentation zu bitten. Und auch die anderen Ratschläge schienen mir schwer umsetzbar. Nicht nur waren sie furchtbar unpraktisch, aufwendig und für mich unmöglich anwendbar, da ich mit dem Netz mein Geld verdiente; ich sah gar nicht ein, meinen Alltag dem Stalking anzupassen. Ich sollte mein Leben ändern, weil mich jemand attackierte? War es nicht das, was der Täter erreichen wollte? Wollte er nicht gerade, dass ich mich einschränkte, dass ich weniger sichtbar wurde und mir von ihm mein Leben diktieren ließ?

Schließlich schrieb *Marianne* mir ja laufend, wie schlecht meine Veröffentlichung seien: *Wenn ich englisch schreibe, fällt den meisten Lesern gar nicht auf, dass ich so schlecht schreibe. #stilinberlin.* Wenn ich jetzt aufhörte zu bloggen, zu twittern oder auf Instagram aktiv zu sein, hatte »sie« dann nicht wenigstens ein Ziel erreicht?

Vielleicht sollte ich einfach allen davon erzählen? Ich fragte zwei Freunde, was sie davon hielten, auf Facebook öffentlich zu machen, dass es jemanden gab, der mich auf Twitter »parodierte«. Dass ich nichts damit zu tun hatte und es auch nicht lustig fand. Meine Freundin riet mir dazu, denn es sei absolut gerechtfertigt, darauf aufmerksam zu machen, anstatt es herunterzuschlucken. Mein Freund riet mir davon ab: »Wenn du das veröffentlichst, sehen noch viel mehr, was er schreibt. Du weißt doch, wie die Leute sind, die lesen sich dann das alles durch.« Tweets wie: *Schnee rieselt aus der Nase auf den Boden unter meinen Füßen* würde jeder mitbekommen. Ich stimmte ihm zu, schließlich wollte ich diese Diffamierungen nicht noch weiter verbreiten.

Ich musste es aber nicht mal öffentlich machen, damit immer mehr diese Beleidigungen sahen. Der Stalker folgte mit seinem Twitter-Account *stillinberlin_* mit der Frau mit Plastiktüte über dem Kopf zahllosen Nutzern, antwortete anderen in meinem Namen oder retweetete, wiederholte Twitter-Nachrichten meiner Kontakte.

Anfang Juli 2012 begann die Berlin Fashion Week, auf der ich regelmäßig beruflich unterwegs war. *Marianne von Schelpe* nutzte diese Gelegenheit zu einem ersten großen Auftritt. Am 4. Juli schickte »sie« allein 13 Nachrichten über Twitter, darunter Implikationen, ich würde mir Kokain direkt ins Fashion-Week-

Zelt liefern lassen, oder: *Wie schafft Ihr es eigentlich immer bei den Shows in der ersten Reihe zu sitzen? (Das wäre so awesome.)* Oder: *Der ganze Champagner lässt mich die Siegessäule schief fotografieren. Trotzdem ein tolles Bild, sagen die Fans. Ich bin awesome!*

In allen Nachrichten stand das offizielle Hashtag der Berliner Modewoche: *#mbfwb*. Ein Hashtag ist ein Wort oder eine Wortgruppe mit einem vorangestellten Doppelkreuz, es dient als Schlagwort, mit dem alle mit diesem Hashtag versehenen Beiträge gesondert angezeigt werden können. Klickt man also bei Twitter das Hashtag der Berliner Fashion Week, *#mbfwb*, sieht man alle Tweets, in denen dieser vorkommt.

Auch die des Stalkers: *Zum Start in den Tag empfehle ich eine Bio-Currywurst. Bin dafür ganz zum KaDeWe gefahren. Hat sich gelohnt. War awesome.* Darauf antwortete das Twitter-Konto einer anderen Modeseite: *Ah! Zum Frühstück gibt es ja nix besseres, als ne Biocurrywurst ...* Dachten sie jetzt wirklich, ich hätte den Tweet über die Currywurst geschrieben? Wie viele waren noch auf *Marianne von Schelpe* reingefallen? Redete man bereits darüber? Zerriss man sich schon das Maul über mich und dieses merkwürdige Twitter-Konto?

Ständig kam in den Tweets das Wort *awesome* vor und ich hatte keine Ahnung, warum. Wahrscheinlich wollte der Stalker mir damit einfach eine Art oberflächliche Dummheit unterstellen, mich als jemanden beschreiben, der alles und jeden *awesome* – fantastisch – fand.

Inzwischen hatte ich Kontakt mit einer Frau aufgenommen, die bei dem deutschen Büro von Twitter arbeitete, und die meine Beschwerden zusätzlich an den Support in den USA, den Hauptsitz der Firma, schickte. Aber ich erhielt nur Absagen. Unter

dem Pseudonym Wannanosaurus schrieb mir ein Mitarbeiter von Twitter wiederholt, dass es sich bei dem *stillinberlin_*-Konto nicht um eine Regelverletzung handelte. Sollte ich jedoch Beweise dafür finden, dass der Benutzer meine reale Identität annehmen wolle, sollte ich mich mit eben diesen melden.

Es muss Anfang Juli gewesen sein, als ich Zeugin eines absurden Dialogs wurde zwischen *Marianne von Schelpe* und einem Bekannten von mir, dem das Twitter-Konto aufgefallen war. Er richtete seinen Tweet direkt an *stillinberlin_* und schrieb: *Schau mal einer an, wie viele (Pseudo)Stil-in-Berlin Accounts es gibt.* Interessanterweise gab es eine Antwort: *Der Pseudo-stil wird doch von Mary geprägt, oder nicht?* Es ging weiter, denn mein Bekannter antwortete: *Da bin ich anderer Meinung. Fest steht immerhin, daß Trolling auch schon mal besser war.* Der Stalker daraufhin: *Aber sollte dann wenigstens das Original besser sein als seine Persiflage?* Die Antwort: *Das kann der Persifleur nicht wissen. Auch meine Meinung ist zu bescheiden um Gewicht zu haben.* Der Stalker beendete den Dialog bestimmt mit: *Wir kennen uns aus. Keine Sorge.*

Schon wieder *wir*. An sich hatte ich mir vorgenommen, in die Äußerungen nicht zu viel hineinzuinterpretieren. Aber natürlich wunderte mich das *Wir*, denn ich war mir ziemlich sicher, dass der Täter allein handelte. Wahrscheinlich wollte er mir damit suggerieren, dass mehr als eine einzelne Person mir Schlechtes wollte. Dass einer ganzen Gruppe von Menschen daran gelegen war, mir zu schaden. Die Vorstellung war zu absurd, aber unheimlich fand ich es dennoch. Waren das erste Anzeichen für eine Eskalation? Es war nicht ungewöhnlich, dass der Stalker seine Perspektive wechselte – gab er sonst oft vor, ich zu sein, schrieb er manchmal aus seiner eigenen Perspektive, oder im Pluralis Majestatis.

Nach dem Ende der Fashion Week Mitte Juli wurde es etwas ruhiger, statt zehn oder fünfzehn Nachrichten pro Tag gab es nur fünf oder sechs, die meisten schickte er in den frühen Morgenstunden. Bei Twitter hatte ich immer noch nichts erreicht und bat deshalb Freunde, das Konto von *Marianne von Schelpe* zu

blocken und ebenfalls als Missbrauch zu melden. Wenn bei Twitter ein Konto mehrmals hintereinander von unterschiedlichen Nutzern gemeldet wird, werden die Einstellungen irgendwann automatisch auf »privat« gestellt – alle Nachrichten des Benutzers können dann nur von denjenigen gesehen werden, die den Benutzer bereits vorher abonniert hatten, die Tweets sind nicht mehr öffentlich sichtbar. Das kann jedoch jeder Benutzer ohne Probleme wieder rückgängig machen, was prompt geschah. Am Morgen des 12. Juli, gegen vier Uhr, kommentierte *Marianne von Schelpe* das mit: *Nun scheint sie ihre tumben Truppen zu mobilisieren. Soll sie doch.*

Elf lange Tage ging es weiter. *Stillinberlin_* schrieb:
An Ambitionen mangelt es mir ja nicht. (Eher an Oberweite.)
Ich bin ein bisschen hohl. Dank angelesener Kunstwissenschaftslektüre kaschiere ich das aber seit Jahren erfolgreich. #awesomme.
In Frankfurt kann ich endlich die Hosen auftragen die selbst für Berlin zu hässlich sind.
Ich habe zwar keinen Musikgeschmack aber total gute Freunde.
Eigentlich bin ich auch eine ganz arme vegetarische Wurst. But I feel awesome!

Solche Beleidigungen Dritter seien auf Twitter kein Regelverstoß, wurde ich wieder und wieder informiert. Wie Instagram beruft sich Twitter offenbar auf ein anderes Verständnis von Kommunikation – nur weil ich etwas als Beleidigung empfand, musste es noch längst keine sein. Ich schickte regelmäßig englische Übersetzungen der Nachrichten mit. Aber vielleicht trauten sie diesen nicht? Wer weiß, ob es überhaupt jemanden beim rein englisch-sprachigen Twitter-Support gab, der die deutschen Beleidigungen einschätzen konnte? Inzwischen hatte ich erfahren, dass die deutsche Niederlassung für Missbrauchs-Meldungen leider nicht zuständig war und auch nicht die Befugnis hatte, Konten zu löschen. Ich musste mich mit dem amerikanischen Hilfedienst der Plattform auseinandersetzen und versuchen, den Mitarbeitern dort mein Problem begreiflich zu machen.

Nachdem es nichts brachte, den beleidigenden Inhalt der Tweets einzureichen, begann ich, die Nachahmung zu betonen. Ich schickte Beispiele, bei denen andere Twitter-Nutzer dachten, ich stecke hinter *Marianne von Schelpe*. Am 23. Juli hatte ich damit endlich Erfolg, auch weil meine Bekannte von Twitter Deutschland den Fall über das interne Netzwerk schickte. Denn während Beleidigungen nicht gegen die Regeln verstießen, waren Nachahmungen realer Personen bei Twitter nicht erlaubt. Das Konto wurde gelöscht.

Das war aber noch lange kein Grund für den Stalker aufzugeben – er meldete sich einfach unter einem neuen Namen wieder an. Zwei Tage lang sendete er Nachrichten von dem Konto *m_arianeee* und kündigte seinen Triumph mit: *Mich kriegt ihr nicht kaputt!* an. Zu meinem Glück löschte Twitter dieses und die folgenden Konten sofort wieder.

Allerdings erhielt ich darüber hinaus während der gesamten Zeit beinahe täglich Briefpost: Kataloge zu Babyprodukten und Kinderspielzeug wurden an meine private Adresse unter dem Namen *Mary von Scherpe* zugestellt. Wieso gab der Stalker mir jetzt einen adligen Namenszusatz? Ging es hier wieder einmal um meine angebliche Arroganz, die er mir bereits in mehreren Twitter-Nachrichten beschied: *Am meisten interessiere ich mich für mich* Oder: *Am liebsten umgebe ich mich ja mit anderen Wichtigtuern. Zusammen ist man weniger allein.* Aber weshalb Babykataloge? Lebte hier jemand einen Wunsch aus? Was sollte mir das sagen?

Es dauerte nur kurz, bis der Stalker eine Lösung fand, um ein weiteres Twitter-Konto aufzumachen – die Nachahmung einer anderen Person ist bei Twitter erlaubt, solange sie als Parodie gekennzeichnet ist. Anfang August begann mir ein Konto mit dem Namen *stilparodie* zu folgen, in dessen Beschreibung stand *Due* to Twitter's Terms of Service this is a parody of the famous Blog Stil in Berlin. It's awesome! – (Weil es die Bestimmungen bei Twitter so vorschreiben, ist dies eine Parodie des berühmten Blogs Stil in Berlin.) Ein Modellkopf mit Fechtmaske hatte die Frau mit der Plastiktüte über dem Kopf ersetzt. Dieses Konto versandte weiter beleidigende und aggressive Tweets, zehn davon allein am ersten Tag: *Der Stoff heute ist awesome.* Oder: *Oh, ich habe heute ja ganz das tägliche Fernsehturmsonnenaufgangsfoto vergessen. (Guckt ein altes an. Die sind sowieso alle gleich.)*

360 andere Twitter-Konten wurden schon abonniert, es ging weiterhin darum, andere auf die Schmähungen aufmerksam zu machen.

Mir war schnell klar, dass der Täter damit einen Weg gefunden hatte, den ich nicht abschneiden konnte. Twitter würde sich auf das Regelwerk berufen und das Konto diesmal nicht löschen. Als ich Twitter dennoch eine Beschwerde schickte, passierte genau das: Sie wurde unter Berufung darauf, dass gekennzeichnete Parodien erlaubt seien, abgewiesen. Sicher hatte der Stalker die Twitter-Regeln studiert, bevor er die Kennzeichnung *this is a parody* auf Englisch in seine Beschreibung einfügte.

Was sollte ich also tun? All meine Aktionen führten lediglich dazu, dass der Stalker aggressiver wurde und ankündigte, man würde ihn nicht *kaputt* kriegen. Mit Sicherheit hatte der Täter gemerkt, dass ich die Konten gesehen und die Tweets gelesen hatte. Und dass sie mich störten. Mich so sehr störten, dass ich versuchte, etwas gegen sie zu unternehmen. Eigentlich steht in jedem Ratgeber zum Thema Stalking, dass man auf die Attacken in keinem Fall reagieren sollte. Hatte ich diesen Tipp befolgt, wenn ich die Twitter-Konten blockierte und sie als Missbrauch meldete? Ich konnte nicht wissen, was der Stalker als Reaktion verstehen würde. Schließlich hat jedes Verhalten kommunikativen Charakter, oder wie es der Soziologe und Philosoph Paul Watzlawick formulierte: »Man kann nicht *nicht* kommunizieren.«

Als ich als Reaktion auf den Stalker mein eigenes Twitter-Konto auf privat stellte, so dass nur Benutzer, die mein Konto bereits abonniert hatten oder die ich als Abonnenten akzeptierte, meine Nachrichten sehen konnten, kommentierte der Stalker das mit: *So ein protectetes Twitter-Profil ist auch ganz schön unprofessionell für MedienmacherInnen.* Derjenige hatte so oder so Einsicht in meine Tweets, vor geraumer Zeit musste er weitere Twitter-Konten unter anderen Namen eingerichtet haben, mit denen er mir folgte. Das ließ der Stalker mich mit weiteren Tweets, die auf meine eigentlich privaten Nachrichten reagierten, wissen. Ich hatte zu dem Zeitpunkt schon weit über 1000 Abonnenten, sollte ich die nun alle durchgehen und raten, welche Nutzer davon echt und welche Pseudonyme des Stalkers waren?

Ich wollte mir die Zeit dafür nicht nehmen, das hätte sich für mich angefühlt, als gebe ich den Versuchen, mich zu treffen, nach; sondern entschied mich für eine andere Strategie: Ich wollte die ganze Sache ab jetzt wirklich ignorieren. Ich würde es nicht mehr lesen, die Spuren nicht mehr verfolgen und das, was doch durchkäme, an mir abprallen lassen. Irgendwann würde dem die Lust sicher vergehen, kein Mensch würde sich so lange mit so etwas beschäftigen. Ich wollte mein Leben weiterleben wie vorher, mich nicht bedrängen lassen und auf keinen Fall irgendwas ändern. Der Lauf meines Lebens lag in meiner Hand, das ließe ich mir von irgendeinem Idioten nicht einfach so wegnehmen.

Also stellte ich weiter Schnappschüsse auf Instagram, fotografierte meine Freundinnen mit Blumensträußen in der Hand, als sie mich aus dem Krankenhaus abholten. *Stilparodie* twitterte: *Ich arme bin ja so krank. Aber wenigstens kümmern sich meine tollen Modebloggerfreundinnen, die ich früher nie leiden konnte, um mich.* Ich fotografierte Eiscreme und Fahrräder in der Berliner Sommersonne und Picknicks im Park: *Und heute sind wir natürlich wieder im Thai-Park und essen Gammelfleisch.* Ich stellte Fotos meiner Freundin und mir in ähnlichen Sommerkleidern und Ballerina-Pose auf Instagram: *Zwei eingebildete Ziegen in weißen Kleidern.* Und teilte die Publikation eines Buches, in dem ein kleiner Beitrag von mir erschien: *Ein Beitrag von mir in einem Buch. Da hatte die Lektorin aber ganz schön viel zu tun.*

Alle meine Freunde taten das, jeder teilte kleine und große Momente seines Alltags, seines Berufs- oder Privatlebens auf Instagram, Facebook oder Twitter, und ich wollte mich wegen eines jämmerlichen Spinners davon nicht abbringen lassen. Dann hätte der ja sein Ziel erreicht. Ich wollte das Internet weiterhin so nutzen, wie ich Lust hatte, und Twitter-Nachrichten wie: *Diese Arroganz ist unerträglich*, oder: *Wie trägt man bloß ein Dirndl, wenn man keine Brüste hat?*, einfach nicht lesen. Einfach ignorieren. Easy.

Das mit dem Ignorieren klappte nicht. Immer wieder erwischte ich mich dabei, wie ich das Konto von *stilparodie* aufrief, die Tweets las und verfolgte, auf welche meiner Meldungen »es« reagierte. Ich fragte mich, ob dieses »es« nachließ, wenn ich weniger online stellte und probierte das hin und wieder aus – leider brachte das gar nichts, wenn nichts von mir kam, dachte »es« sich etwas aus, z. B. *Yogastunde verschlafen* oder *Für Vati noch schnell ein paar Westen nachbestellt.* Ich las diese Tweets mit einem schlechten Gewissen, weil ich mich nicht disziplinieren konnte, sie zu ignorieren. Fühlte mich schuldig, weil ich doch nachgab, die Aufmerksamkeit zeigte, nach der derjenige so dringend verlangte. Ich wollte jedoch nicht den Moment verpassen, an dem es eskalierte. Schließlich könnte ja alles weit schlimmer werden, in Berichten in Internetforen hatte ich gelesen, wie maßlos Täter ausrasten konnten. Zuweilen erhielt ich zwar fast belanglosen Blödsinn, aber dann kamen wieder Feindseligkeiten, in denen »es« eine große Wut auf mich offenbarte.

Außerdem konnte ich die Nachrichten schon deswegen so schlecht ignorieren, weil mein Name in Hashtags oder @-Replys in dem Tweet stand – jedes Mal erhielt ich eine Meldung dazu. Um alles zu ignorieren, hätte ich Twitter komplett abschalten, mich blind und taub stellen müssen. Das kam zweifellos als Möglichkeit nicht in Betracht: Selbst wenn ich es privat geschafft hätte, war immer noch mein Blog auf Twitter präsent. Außerdem wollte ich diesem »es« nicht die Genugtuung geben, mich von Twitter vertrieben zu haben.

Und wie sollte ich vergessen, dass jemand täglich Hassnachrichten in meine Richtung schickte? Wie sollte ich vergessen, dass irgendwo ein Schandmaul saß, das mir schaden wollte?

Natürlich habe ich weiter versucht, es zu missachten, habe es so wenig wie möglich angeschaut, habe mich diszipliniert – das Einzige, bei dem ich dabei jedoch »erfolgreich« war, war, die Taten des Stalkers nicht mehr zu dokumentieren. Während ich zwar hin und wieder einen Screenshot vom Twitter-Konto machte, schmiss ich die Post, die regelmäßig meinen Briefkasten füllte, in den Müll. (Möglichst tief unten in die Papiertonne, damit meine Nachbarn sich nicht wunderten, was für merkwürdige Sendungen ich da ständig erhielt.) Ich versuchte, es zu verdrängen und den Rest, der durchkam, auszuhalten. Denn die Hoffnung, dass der Horror irgendwann von selbst aufhören würde, konnte ich nicht aufgeben. Alles, was ich wollte, war doch Ruhe. Und das Einzige, was mir einfiel, war, so zu tun, als wäre nichts. Trotz der ständig präsenten Belastung täglich ins Büro zu gehen und zu arbeiten, mich danach mit Freunden zu treffen, auszugehen und zu versuchen, dabei Spaß zu haben. Alle Versuche, den Wahnsinn zu stoppen, waren ja gescheitert. Was blieb mir denn anderes übrig, als zu hoffen, dass der Stalker es bald lassen würde.

Aber damit versuchte ich, nicht nur die Attacken zu ignorieren, sondern auch die Folgen, die sie bei mir hatten. Immer häufiger, wenn ich meine Wohnung verließ und die Treppen im Haus hinunterlief, begann ich zu zweifeln, ob ich wirklich die Tür abgeschlossen hatte. Wenn ich nicht gerade auf der Straße stand, lief ich zurück, um es zu überprüfen. Abends musste ich kurz vorm Schlafengehen oft noch einmal schauen, ob die Tür richtig geschlossen war. Ich spürte, wie ein kleiner Verfolgungswahn in mir wuchs, aber ich wollte auch diesen unbedingt ignorieren. Dann würde es schon wieder werden.

Also tat ich so, als gebe es den Stalker nicht, und gab jede Abwehr auf. Den Twitter-Account von *stilparodie* blockierte ich nicht mehr und hielt damit gewissermaßen die andere Wange hin. Jedes Mal bekam ich es nun mit, wenn das Konto mich anschrieb. Dass mir die Polizei weiterhelfen würde, hatte ich ebenso fast aufgegeben. Nicht nur, weil mein eigener Besuch so erfolglos

war, auch andere Erfahrungsberichte machten mir wenig Mut, dass ich mit einer Anzeige etwas erreichen würde – die meisten Anzeigen wegen Nachstellung wurden irgendwann eingestellt.
Ich hatte so wenig Vertrauen, dass ich Tage, ja manchmal Wochen brauchte, um die Post der Polizei zu beantworten. Als Reaktion auf meine Anzeige bei der Internetwache kam Ende Juli ein Brief, in dem ich gebeten wurde, die Taten schriftlich zu erläutern und Belege zu schicken. Zwei Wochen benötigte ich, um Dutzende der Twitter-Nachrichten und Fotos zu sortieren, auszudrucken und in einen Briefumschlag zu packen. In einem kurzen handschriftlichen Text erwähnte ich, dass ich ahnte, wer der Täter sei. Mehr als das traute ich mich nicht; ich hatte immer noch Bedenken, jemanden zu belasten, ohne eindeutige Beweise zu haben, und glaubte fest, dass man mir so oder so helfen würde. Die Tat an sich war doch Grund genug für Ermittlungen. Das Antwortschreiben der Polizei, in dem ich gebeten wurde, zu erläutern, wen ich mit meiner Andeutung meinte, lag anschließend wochenlang auf meinem Poststapel. Ich konnte mich nicht dazu durchringen, den Namen zu nennen. Zwar wurde ich mir meines Verdachts zunehmend sicherer, aber was würde passieren, wenn ich den Namen der Polizei sagte?

Nie im Leben hätte ich gedacht, dass mir so etwas passieren würde, noch nie hatte ich erlebt, dass mir jemand mit voller Absicht Übles wollte. Niemals wurde ich über so lange Zeit mit so einer Böswilligkeit konfrontiert. Es fiel mir schwer, mir vorzustellen, dass derjenige es mit der Zerstörung meines Rufs, meiner Arbeit und meines Selbstbewusstseins ernst meinen konnte. Natürlich hatte ich Erfahrungen mit fiesen Kommentaren in der Netzwelt gemacht und es gab auch in meinem bisherigen Leben Menschen, mit denen ich nicht immer im Guten auseinandergegangen bin. Aber was mir hier passierte, übertraf alles, was ich bisher an negativen Erfahrungen gemacht hatte. Dass jemand bald zwei Monate damit verbringen würde, mich zu verfolgen und mir zu schaden, machte mich regelrecht sprachlos.
Und wer kommt schon auf die Idee, dass er irgendwann mal

gestalkt werden könnte? Bisher hatte ich das Wort selbst eher scherzhaft verwendet: für harmlose, wenn auch oft viel zu lange Schnüffeleien bei alten Affären, oder neuen Bekanntschaften auf Facebook oder Instagram. Nie ahnte ich, dass es mich einmal treffen würde.

Statistisch gesehen ist es aber alles andere als unwahrscheinlich, Opfer eines Stalking-Angriffes zu werden – zwar gibt es jährlich in Deutschland lediglich um die 25 000 Anzeigen wegen Nachstellungen, die Dunkelziffer liegt aber mit 600 000 weitaus höher. Manche Untersuchungen geben sogar an, dass jeder Vierte (!) mindestens einmal im Leben von Stalking betroffen ist. Bisher war dieses Problem in meinem Freundes- und Bekanntenkreis nie thematisiert worden. Wir sprachen über Betrügereien, Affären, Intrigen, ungewollte Schwangerschaften, große Streitereien – über so viele Dramen, die im zwischenmenschlichen Miteinander entstehen können. Aber ich wusste bisher von niemandem, der hunderte Mails schrieb, Pakete schickte oder Verleumdungskampagnen startete. Oder von jemandem, der Opfer derartiger pathologischer Anstrengungen wurde.

Als ich jedoch begann, ein wenig offener darüber zu reden, dass ich unter einem Stalker litt, schienen die Geschichten plötzlich überall zu sein. So erzählte mir Mira mehr oder weniger beiläufig davon, dass ihr erster Freund sie nach der Trennung gestalkt hatte. Er ließ sich weder von ihr noch von ihrem Vater davon abbringen und hörte erst auf, als sie wegzog. Bis heute, über fünfzehn Jahre später, achtet sie darauf, dass er nichts von einem Besuch bei ihrer Familie erfährt, aus Angst, dass er wieder beginnt. Oder Verena, die mir, als ich sie um Rat wegen meines Problems bat, erzählte, dass ihr Ex-Freund sie nach der Trennung belästigt hat. Er schrieb über Monate Gedichte, twitterte und bloggte über sie, schrieb ihr teilweise siebzig SMS am Tag und wartete vor ihrer Wohnung – sie hielt all dies jedoch für mehr oder weniger normale Auswüchse seines Liebeskummers. Nach gemeinsamen Gesprächen ließ es wieder nach, aber kurze Zeit später legte er wieder los. Oder Christiane, die von ihrem ersten, weit älteren Freund gestalkt wurde. Er trennte sich von

	stilparodie @stilparodie	6 Aug
	Aber wenigstens am Abend ein total schönes Abendlichtfoto gemacht. Don't forget: I'm still awesome.	
	Öffnen	

stilparodie @stilparodie — 6 Aug
Der Stoff ist heute awesome.
Öffnen

stilparodie @stilparodie — 6 Aug
Oh, ich habe heute ja ganz das tägliche Fernsehturm-sonnenaufgangsfoto vergessen. (Guckt ein altes an. Die sind sowieso alle gleich.)
Öffnen

stilparodie @stilparodie — 5 Aug
Oh nein, ich habe meine Yoga-Stunde verschlafen. Dann eben direkt auf einen Espresso ins @thebarnberlin.
Öffnen

stilparodie @stilparodie — 5 Aug
Wecker stellen. Morgen früh geht es wieder zum Yoga in die Torstraße.
Öffnen

stilparodie @stilparodie — 5 Aug
Und heute sind wir natürlich wieder im Thai-Park und essen Gammelfleisch.
Öffnen

stilparodie @stilparodie — 5 Aug
Wir sind so awesome, wir picknicken sogar im Freien.
Öffnen

stilparodie @stilparodie — 4 Aug
Ich liebe Fahrräder und Speiseeis.
Öffnen

stilparodie @stilparodie — 3 Aug
Jeden Tag ein awesome Sonnenaufgangsfoto mit Fernsehturm. Versprochen.
Öffnen

ihr, überlegte es sich kurz darauf jedoch anders und akzeptierte nicht, dass sie keinen Kontakt mehr zu ihm wollte. Neben zahllosen Briefen, Mails und SMS tauchte er wiederholt an ihrer Arbeitsstelle auf, so dass sie sich jedes Mal, wenn sie das Geräusch eines klingelnden Schlüsselbunds hörte, den er stets trug, unter dem Tisch versteckte. Schlimmer noch war für sie, dass ihre Mutter nicht verstehen konnte, wieso sie diesen Mann nicht wieder zurückhaben wollte, schließlich war er Arzt.

Selbst eine weibliche Stalkerin gibt es in meinem entfernten Bekanntenkreis –über eine Dritte erfuhr ich von einer Frau, die in ihren frühen dreißiger Jahren einen Ex-Freund massiv stalkte und dabei selbst den Benzintank seines Autos manipulierte. Bis heute stalkt sie vergangene Affären, wenn auch weit gemäßigter als damals.

Gehörte es jetzt schon zu den normalen Lebenserfahrungen, gestalkt zu werden? So wie es eben hin und wieder passiert, dass einem in Berlin das Rad geklaut wird? Wenn Stalking so weit verbreitet ist, wieso hörte man meist nur in Verbindung mit Celebrities davon? Und wieso ist es so schwer, etwas dagegen zu tun?

Anonym

Ende September saß ich in irgendeinem Restaurant in Düsseldorf, gegessen hatten wir, und es war bereits später Abend, vielleicht so gegen elf Uhr. Mein Handy klingelte – *Anonym* – stand auf dem Display. Es lag auf dem Tisch, zwischen mir und Carl, einem Freund. Ich drückte den Anruf weg. *Anonym* rief wieder an. Und wieder. Ich drückte das Klingeln jedes Mal weg, und mit jedem Mal wurde es unumgänglicher, Carl zu erklären, was los war. In solchen Momenten wurde ich nervös, ich musste, aber wollte nicht erzählen, dass es den Stalker gibt. Ich musste, aber wollte nicht darüber reden, seit wann dieser Irrsinn schon lief. Würde Carl mir glauben? Dass es für mich fast normal war, abends und nachts anonyme Anrufe zu bekommen? Dass ich deswegen mein Telefon meistens ausschaltete? Dass ich mir sicher war, dass mich derjenige anrief, der mir ebenso Post und Twitter-Nachrichten schickte?

Beim nächsten Klingeln ging Carl ran, sagte »Hallo« und »Wer ist denn da?«; am anderen Ende der Leitung blieb es – wie immer – still. Danach rief keiner mehr an. Als ich Carl das Ausmaß des Problems erläuterte, schlug er mir vor, mal ein paar seiner »Freunde« bei dem mutmaßlichen Stalker vorbeizuschicken. Das war nicht die erste brachiale Methode, die mir von meist männlichen Freunden nahegelegt wurde. Und auch wenn mir selbst schon einige fiese Dinge einfielen, schreckte ich vor einer Umsetzung mehr zurück als vor der Anzeige.

Die Post sammelte sich inzwischen täglich in meinem Briefkasten, und die Tweets vermiesten mir regelmäßig die Laune: *Und dann merkt man wieder einmal, dass sie von Kunst so wenig Ahnung hat wie von Mode. Am besten nur noch über Asia-Imbisse schreiben!*

Trotzdem hatte ich die Nachfrage der Polizei, wen ich denn verdächtigte, bisher nicht beantwortet. Ich traute mich nicht, aus Angst, jemandem Unrecht zu tun. Carl riet mir jedoch dringend dazu: »Was ist denn Schlimmes dabei? Wenn er es nicht ist, hat er nichts zu befürchten. Wenn er es ist, zeigst du ihm aber, dass du es ernst meinst, dir nichts gefallen lässt, und vielleicht lässt er es dann?« Carl glaubte meinem Verdacht sofort und ging davon aus, dass die Polizei anschließend bei dem Verdächtigen aufschlagen würde. Deswegen riet er mir, ihn vorzuwarnen. »Ich hätte auch keine Lust, morgens unangekündigt die Polizei vor der Tür stehen zu haben.«

Ich brauchte noch einmal zwei Wochen, um mich durchzuringen und ihm zu schreiben:

Hallo Z.,
ich habe seit Wochen Probleme mit einem Stalker, sowohl im realen Leben als auch im Netz, deswegen habe ich Anzeige erstattet. Die Polizei will nun eine Liste mit Namen derer, die als Täter in Frage kommen, aufgrund unserer Geschichte wird auch dein Name auf der Liste stehen, und ich wollte, dass du das vorher weißt. Falls du nichts damit zu tun hast, tut mir das natürlich leid, aufgrund des Ausmaßes der Verleumdungen und Nachstellungen muss ich diesen Schritt jedoch gehen.

Eine Antwort erhielt ich darauf nicht. Aber kurz darauf wurde das *stilparodie*-Twitter-Konto auf »privat« gestellt – die Tweets waren nicht mehr öffentlich. Freilich, das kann ein Zufall gewesen sein.

Ebenso ein Zufall war es vielleicht, dass Z. – der hier übrigens auch X., Y. oder ABC heißen könnte – kurz nachdem er meine Mail erhalten haben musste, aufhörte, auf Twitter und Instagram aktiv zu sein und seinen eigenen Blog, den er seit Jahren unter einem leicht zu entschlüsselnden Pseudonym führte, vom Netz nahm. Obwohl er auf allen Plattformen ein sehr aktives Netzwerk pflegte. Erst acht oder zehn Wochen später, nach einigen öffentlichen Nachfragen anderer Twitter-Nutzer, begann

Z. wieder unter seinem eigenen Namen in sozialen Netzwerken zu erscheinen und stellte seinen Blog wieder online. Aber wie erwähnt, könnte das einen ganz anderen Grund gehabt haben. Und vielleicht war es ebenso ein Zufall, dass ich Z. schon einmal sagen musste, dass ich überhaupt keinen Kontakt mehr mit ihm wolle.

Wir hatten uns über Freunde kennengelernt, er war mir sympathisch, und gleichzeitig fand ich ihn merkwürdig, bereits am ersten Abend sagte ich ihm, dass ich seine Melancholie lediglich für eine Masche hielt. Aber er interessierte sich für Literatur und mochte die gleichen Autoren wie ich. Er ließ nicht locker, schrieb mir immer wieder Nachrichten und wollte sich treffen. Ich war zu der Zeit in einer schwierigen Phase an der Uni, saß den ganzen Tag in der Bibliothek und war froh über jede Ablenkung. Außerdem war ich dem naiven Gedanken anheimgefallen, mein Zug sei abgefahren. Vielleicht rieten mir deswegen ein oder zwei Freunde dazu, mich doch mal wieder auf jemanden einzulassen.

Ein wenig dauerte es, aber dann lernten wir uns näher kennen und verbrachten recht viel Zeit miteinander. Obwohl ich die häufigen Spaziergänge durch Berlin und die Gespräche über Politik und Literatur mit ihm genoss, blieb die Beziehung schwierig, und es wurde schnell klar, wie wenig wir teilten – während ich gern in Restaurants ging, Ausflüge nach Brandenburg machte oder tanzen gehen wollte, scheute er Treffen mit Freunden, bestellte lieber Pizza, schaute *Tatort* und lamentierte über die Schlechtigkeit in der Welt. Lange war ich gutgläubig und dachte, ich könnte ihn mit Optimismus und positivem Willen davon überzeugen, mehr Freude am Leben zu haben. Das erfüllte sich jedoch nie. Was zunächst nur Missverständnisse waren, die einfach zu lösen schienen, wurde im Laufe der Wochen zu anstrengenden Auseinandersetzungen, denen Z. sich regelmäßig entzog, um sich danach über Tage nicht mehr zu melden. Ich vermutete, er litt an einer Depression, reden wollte er mit mir darüber jedoch nicht. Nach einigen gescheiterten Versuchen, ihn dennoch dazu zu bewegen, war ich reichlich erschöpft und zweifelte, ob es Sinn hätte, die Beziehung weiterzupflegen.

An einem Wochenende kam es deswegen zum Streit – naiv war ich davon ausgegangen, dass wir den Abend miteinander verbringen würden. Er konnte sich (schon wieder) nicht dazu durchringen, mit mir einen Plan zu machen, und ließ meine Versuche, mit ihm in ein Restaurant zu gehen, ins Leere laufen. Ich hingegen wurde über seine Unfähigkeit, mit mir zu sprechen und mir zu sagen, wo sein Problem lag, so wütend, dass ich eine Aussprache erzwingen wollte. Also setzte ich mich abends in die Bahn und fuhr zu ihm. Es war das erste Mal, dass ich in seine Wohnung kommen wollte, beziehungsweise in sein WG-Zimmer, bis dahin hatte er meine Besuche unter Vorwänden abgelehnt und die Zeit lieber in meiner Wohnung verbracht. Ich musste ihn zunächst mit einer SMS nach der Adresse fragen, er gab sie erst heraus, als ich ihm sagte, dass ich längst auf dem Weg war.

In seinem kleinen Zimmer saßen wir uns recht sprachlos gegenüber. Es war karg eingerichtet, ein Koffer stand am Boden, daneben ein paar Bücher, dahinter ein Hochbett. Ich versuchte, ihm meine Situation zu erklären, ihm das Problem, das ich mit ihm hatte, zu erläutern. Er schwieg die meiste Zeit.

Zu viel Zeit war schon vergangen, und ich fühlte mich irgendwie fiebrig, bekam Kopfschmerzen und war vor allem unendlich müde und ausgelaugt; konnte mich kaum mehr auf das Gespräch, das keins war, konzentrieren. Ich weiß nicht mehr, wie lange wir uns schweigend gegenübersaßen, bis ich begriff, dass er der Grund meiner Erschöpfung war. Sein Schwermut zog mich mit runter – ich musste auf der Stelle gehen. Auf dem Weg nach draußen sagte ich in einem Anfall von letzter Hoffnung: »Lass uns morgen in den Zug steigen und für ein paar Tage wegfahren, an die Ostsee oder so.« – »Vielleicht«, entgegnete er mir mit schwacher Stimme. Mir wurde schlecht.

Wie ernüchternd das war. Ich verließ die Wohnung, ohne mich noch einmal umzudrehen.

In dem Moment fühlte ich nur Erleichterung. Mir war klar, dass ich nie wieder zurück, mich nie wieder in seiner Anwesenheit so schlecht fühlen wollte. Ich rechnete nicht damit, dass ich noch einmal von ihm hören würde, geschweige denn, dass er irgendeinen Versuch unternehmen würde, die Beziehung, die eigentlich nie eine war, zu retten. Auf meine zahlreichen Versuche, über die Gefühle zwischen uns zu sprechen, antwortete er in der Regel mit Schweigen. Deswegen machte ich mir nicht allzu viele Gedanken, welche Folgen es hätte, wenn ich die Beziehung beendete – bisher schien ihm wenig daran zu liegen. Für mich war die Sache abgeschlossen, ich wollte nichts mehr in jemanden investieren, mit dem ich so wenig teilte. Vorher war ich oft enttäuscht, dass er sich mir nicht öffnen wollte, aber das hatte dafür gesorgt, dass sich meine Gefühle für ihn nie vertieften.

Wenige Tage nach diesem letzten Treffen begann er, mir lange E-Mails zu schreiben, in denen er mir sein Verhalten erklären wollte. Darin gestand er plötzlich seine großen Gefühle für mich. Während er vorher gescheut hatte, das, was zwischen uns war, Beziehung zu nennen, wollte er nun unbedingt mein Freund sein. Er bat um eine weitere Chance, da er sich nicht vorstellen konnte, dass ich damit abgeschlossen hatte. Er vermutete, ich sei lediglich deshalb so abweisend zu ihm, weil ich nicht zu meinen Gefühlen für ihn stehen könnte. Seine Überzeugung, es besser zu wissen als ich, fiel mir da schon unangenehm auf. Für mich gab es keinen Weg zurück, und das sagte ich ihm so. Aber ihm fiel es schwer, den Kontakt zu lassen, und ich hatte ein schlechtes Gewissen; zwar empfand ich seine Anrufe, Mails und SMS als störend, aber entschuldigte das mit seinem Liebeskummer.

Einige Tage später fuhr ich mit dem Fahrrad zurück zu meiner Wohnung, es muss bereits gegen ein Uhr nachts gewesen sein; ich öffnete das Hoftor, fuhr zum Hinterhaus und schloss mein Rad ab. Als ich Schritte hörte, drehte ich mich um – Z. tauchte im schlecht beleuchteten Hinterhof auf und lief auf mich zu. Er wollte mit mir reden. Mit mir in meine Wohnung kommen und mir alles noch einmal erklären. Ich lehnte das ab, denn ich wollte ihn nicht mehr bei mir zu Hause haben; aber obwohl ich es furchtbar unheimlich fand, dass er vor meiner Tür auf mich wartete, ließ ich mich auf einen Spaziergang ein. Wieder hatte mein schlechtes Gewissen gewonnen.

Das Gespräch brachte zunächst nicht viel, er wiederholte lediglich, dass es ihm nicht gut ging, aber dass ihm nicht zu helfen sei. Erst nach über einer Stunde, als ich drohte zu gehen, rückte er mit der Sprache raus und eröffnete mir unter Tränen seine Geschichte, die er, so versicherte er mir, bisher niemandem erzählen konnte. Es ging um finanzielle und psychische Probleme: Nach einer Trennung war er in einen depressiven Zustand gefallen, konnte sich um nichts mehr kümmern und hat deshalb nicht nur seinen Job, sondern seine Wohnung, seine Konten und Versicherungen verloren. Obwohl all dies bereits mehrere Jahre her war, verharrte er seither in diesem Zustand und lebte von Tag zu Tag von dem Geld, das er auf Internet-Konten wie Paypal ansammeln konnte.

Mir war fürchterlich kalt, mittlerweile war es zwei oder drei Uhr nachts, und wir saßen in dem kleinen Park neben meinem Haus. Er putzte sich die Nase.

Jetzt hatte auf einmal alles einen Sinn: Seine zuweilen absurden Ausreden – dass er nie mit mir essen gehen wollte, sondern lieber zu Hause blieb und Pizza (per Online-Zahlung) bestellte; dass er keine Lust auf Ausflüge oder Kino hatte, weil ihn das alles nicht interessiere; dass er Reisen nicht mochte, weil ihn neue Orte in Stress versetzten; dass er jeden Abend auf Veranstaltungen mit gratis Buffet und Bar gehen wollte; dass ich meistens die Rechnung zahlen musste, weil er vergessen hätte, Geld abzuheben; dass er nicht mit einem Arzt sprechen könnte, weil ihm sowieso niemand helfen könnte; dass alles aussichtslos war, weil die Welt eben an sich ein schlechter Ort sei – hinter all dem, was ich stets als depressive Apathie interpretiert hatte, steckte die banale Tatsache, dass er pleite war.

Dennoch war ich in dem Moment irgendwie erleichtert und hatte das Gefühl, das sei ein Durchbruch: Schließlich hatte er sein Problem nicht nur erkannt, sondern ausgesprochen und könnte es nun lösen. Also bot ich ihm an, mit ihm zu einer Finanzberatung zu gehen, um herauszufinden, wie er am einfachsten aus dem Schlamassel herauskäme. Er jedoch schüttelte nur den Kopf, das alles sei viel schwieriger. Inwiefern, fragte ich ihn. Das sei schwer zu erklären, antwortete er. Auf keinen Fall dürfte ich irgendjemandem davon erzählen.

In den nächsten Tagen versuchte ich ihn bei der Lösung seines Problems zu unterstützen; telefonierte mit Krankenkassen und wollte mit ihm über mögliche Jobs diskutieren. Während ich die Sache praktisch anging, war Z. vor allem damit beschäftigt, meine Bemühungen zu stoppen. Alles sei »viel komplizierter« oder »nicht so einfach«, wie ich mir das vorstellte. Erklären konnte er das nicht. Da ich die Einzige war, die von seinem Problem wusste – wie er mir immer wieder versicherte –, fühlte ich mich in der Verantwortung, ihm zu helfen. Er machte einen armseligen Eindruck, ich hatte mittlerweile Angst, er würde sich als Nächstes von einer Brücke stürzen, so verzweifelt schien er mir.

Ich machte einen Termin bei einer Finanzberaterin, damit diese sich Z.s Probleme anhörte. Zuerst lehnte Z. das ab, ihm könne nicht geholfen werden, es sei – wie schon gesagt – alles »viel schwieriger«. Kurz vor dem Termin aber schrieb er mir eine SMS, er sei auf dem Weg. Vor Ort erklärte er seine Situation.

Den finanziellen Wust, den mir Z. vorher als unüberwindbar schilderte, entwirrte die Beraterin mit zwei, drei Erklärungen und bot dazu eine simple Lösung an. Wie ein Häufchen Elend saß Z. auf dem Stuhl, während ich erleichtert war, dass sich alles so einfach klären ließ. Als sie ihm anbot, den Fall zu übernehmen und sich die Unterlagen anzusehen, sagte Z.: »Mal sehen.«

Draußen fragte ich ihn, was er damit meinte und ob er nicht erleichtert war, dass seine Probleme nicht mal annähernd so unbezwingbar waren, wie er gedacht hatte. Außerdem standen wir doch so kurz vor einer Lösung, das war doch mehr, als man hoffen konnte und Grund zur Freude!

Er antwortete nicht.

Diese Reaktion enttäuschte mich, und ich sagte ihm, dass ich nicht bereit sei, seine Trägheit weiter zu akzeptieren, und dass er sich wieder bei mir melden könne, wenn er bereit sei, etwas zu ändern.

Kurz darauf besuchte ich eine Ausstellungseröffnung und lud ein Bild davon auf Instagram. Ich machte mir keine Gedanken darum. Anschließend ging ich mit Freunden in eine Bar nebenan – fünfzehn Minuten später betrat Z. die Bar und stellte sich mit einem schüchternen Lächeln auf den Lippen vor mich. »Was willst du hier?«, fragte ich ihn direkt. Er schaute mich erstaunt an. »Bist du hier, weil du auf Instagram gesehen hast, dass ich in der Galerie war?« – »Ja«, sagte er mit einem Lachen. Ich schleifte ihn nach draußen und sagte ihm deutlich, dass ich von solchen Aktionen gar nichts hielt. Er entschuldigte sich. Und ich konnte nicht umhin, ihn zu fragen, ob er mittlerweile wieder krankenversichert war. »Ach, Mary. Das ist alles nicht so einfach.«

Ich drehte mich um und ging.

Trotz dessen Z. mich beschworen hatte, niemandem von seinen Problemen zu erzählen, hatte ich mich kurz nach dem Gespräch meinen Freundinnen anvertraut. Nicht nur, weil ich sie wissen lassen wollte, was der Grund für Z.s merkwürdiges Verhalten während der Beziehung war – wir rätselten vorher oft gemeinsam, weshalb er sich zuweilen Tage nicht meldete –, sondern auch, weil ich die Belastung allein nicht ertrug. Als ich mit meiner Freundin Nora wieder einmal über meine Sorgen mit Z. sprach, sagte diese mir ziemlich direkt: »Der zieht dich in eine Co-Abhängigkeit von ihm und seinen Problemen. Das macht er nur, damit du den Kontakt nicht abbrichst.«

Zu Hause googelte ich erst mal Co-Abhängigkeit, ein Problem, das Angehörige von Suchtkranken haben, die den Süchtigen zu lange unterstützen und sich so mit abhängig machen. Die Beziehung existiert nur aufgrund der Sucht, am Ende leiden alle darunter.

Ich wusste ja, dass ich Z. lediglich wegen meines schlechten Gewissens unterstützte. Wenn er mir seine finanzielle Situation nicht gebeichtet hätte und ich ihm nicht hätte helfen wollen, hätte ich den Kontakt wahrscheinlich längst komplett abgebrochen. Aber ihm ging es doch ohnehin schon schlecht, was würde passieren, wenn ich mich jetzt von ihm abwandte?

Allerdings nahm er meine Unterstützung nicht an, meine Vorschläge wies er regelmäßig zurück und sagte lediglich, alles sei viel komplizierter. Er änderte nichts, wollte nichts ändern, sondern verharrte weiter lethargisch in seiner Zwickmühle. Wie schon während der Beziehung, ärgerte ich mich über seinen Missmut.

In der Zwischenzeit war er aus Berlin wieder zu seinen Eltern in den Norden von Deutschland gezogen, da er sein Zimmer in der WG verloren hatte. Die Vermieterin hätte Eigenbedarf angemeldet, sagte er mir, aber ich zweifelte daran, wahrscheinlich hatte er schlicht die Miete nicht gezahlt.

Trotzdem wünschte ich ihm alles Gute mit auf den Weg, er schrieb mir daraufhin, wie sehr er mich vermisste und wie wunderbar ich sei. Mittlerweile wusste ich aber, dass ich die Letzte war, die ihm zur Seite stehen sollte. In der Tat hatten wir nach seiner großen Beichte nur Kontakt, weil ich glaubte, ihm helfen zu können und zu müssen – meine Frustration über seinen Unwillen, meine Hilfe anzunehmen nervte mich gewaltig.

Aber die Angst, er würde sich demnächst etwas antun, blieb. In seinen Nachrichten schien er mir gefährlich pessimistisch, als sähe er für sich keinerlei Ausweg aus der Misere. Ich wollte einen seiner Freunde ins Vertrauen ziehen, in der Hoffnung, dass dieser sich dem Problem annahm und mich von der Bürde erlöste. Als ich Z. davon erzählte, versuchte er alles, um mich davon abzubringen. Ich hatte ihn bereits mehrmals dringend gebeten, sich jemandem anzuvertrauen, hatte Vorschläge gemacht und angeboten, ihn dabei zu begleiten; aber er lehnte das rigoros ab. Ich erklärte ihm, dass ich für ihn nicht da sein konnte, aber auch den Gedanken, dass er allein mit seinem Problem war, nicht ertrug.

Dann traf ich zufällig eine seiner Bekannten abends in einer Bar. Ich wusste, dass die beiden sich näher kannten, aber der Kontakt war in letzter Zeit wohl etwas abgebrochen. Wir sprachen lange über Z., seine Probleme und meine Sorge. Geduldig hörte sie mir zu, schien aber weniger überrascht von Z.s Zustand, als ich vermutet hatte. Sie reagierte verständnisvoll, erwiderte aber sofort, dass sie nicht bereit sei, Z. zu helfen.

Sie erklärte mir, was sie schon verstanden hatte: Z. benutzte seine Probleme regelmäßig, um Menschen an sich zu binden. Er zog sie in ein vermeintliches Vertrauen, ließ sie von seiner Verzweiflung wissen und genoss den Zuspruch und das Mitleid, ohne je auf Ratschläge oder Hilfsangebote einzugehen. Ständig traf er wieder auf neue Leute (wie mich), die seine Melancholie nicht nur faszinierend fanden, sondern das Gefühl hatten, ihm aus seiner Not helfen zu können. Seine Beziehungen zu anderen Menschen basierten auf deren Sorge um ihn, er provozierte Mitgefühl, das ihm lediglich als Bindemittel diente. Es war kaum möglich, sich nicht um eine Lösung für ihn zu bemühen, da er seine tiefe Schwermut immer wieder glaubhaft vermittelte. Eine Beziehung, die auf ehrlichem Austausch beruhte, war nicht sein Ziel. Deswegen war seine Bekannte nicht mehr bereit, sich mit Z. auseinanderzusetzen, sie hatte erkannt, dass es zwischen ihnen nie eine wirkliche Freundschaft gegeben hat.

Mehr und mehr begriff ich, dass sie Recht hatte: Z. erzählte mir seine Probleme nicht, damit ich ihm bei der Lösung half, sondern damit ich den Kontakt nicht abbrach. Er musste mir nach der Trennung einen neuen, eindrucksvolleren Grund zur Sorge geben, mich zur einzigen Mitwisserin machen, um mich an ihn zu binden. Er war nicht auf Hilfe aus, sondern wollte mir Angst vor dem machen, was passieren würde, wenn ich mich ihm entzog. Alles, damit ich den Kontakt nicht abbrach. Er hatte mich manipuliert, und ich war auf seine Tricks reingefallen.

Nach dem Gespräch reagierte ich immer seltener auf Z.s Nachrichten. Seit einiger Zeit beobachtete ich allerdings, wie er auf Instagram die Fotos meiner Freunde abonnierte und kommentierte. Zuweilen waren alle neuen Bilder, die ich in meinem Instagram-Netzwerk sah, von ihm gelikt oder kommentiert worden. Dazu kam, dass er Fotos, die er während unserer gemeinsamen Zeit in meiner Wohnung gemacht hatte, auf seinem Konto online stellte. Mittlerweile hatte er ein Hashtag für alle Einträge über mich eingerichtet; es waren weit mehr, als ich dachte.

Als ich kurz darauf mit einer Freundin Urlaub machte, überredete ich sie, sich ein Instagram-Konto einzurichten. Sie wohnte nicht in Berlin und hatte Z. nie kennengelernt, trotzdem war er einer ihrer ersten Abonnenten. Als sie mir das zeigte, war ich genervt und vor allem peinlich berührt; aber auch wütend darüber, dass er mich nicht einfach in Ruhe lassen konnte, sondern vehement präsent blieb. Sofort schickte ich ihm eine SMS mit der konkreten Bitte, weder meine Freunde zu kontaktieren noch Bilder aus meiner Wohnung zu veröffentlichen. In seiner Antwort wies er das zunächst als Blödsinn ab, dann entschuldigte er sich und beteuerte, wie sehr er mich mochte und vermisste.

Zurück in Berlin sah ich auf Z.s öffentlichen Instagram- und Twitter-Konten, dass er wieder in der Stadt war und sich im Prinzip täglich in der Gegend um mein Büro und meine Wohnung aufhielt – er lief immer wieder die Orte ab, an denen wir spazieren waren, und dokumentierte diese Besuche mit Fotos, die er auf Instagram stellte. Ich hörte von Freunden, dass er bei Veranstaltungen auftauchte, die ich auf Facebook, Twitter oder Instagram erwähnt hatte. Ein Freund veranstaltete eine Diskussionsreihe in einer Galerie, ich erwähnte die Veranstaltung auf der Facebook-Seite von *Stil in Berlin*, um ihn zu unterstützen, ging aber selbst nicht hin. Er schrieb mir danach eine Mail, dass Z. da war, sich nur kurz umschaute und wieder ging. Er fand das komisch und schrieb: »Oje, das könnte sich in echtes Stalking auswachsen, du musst aufpassen!«

Ich nahm das nicht so ernst.

Kurz darauf erzählte mir ein Bekannter, dass Z. ihn auf der Launch-Veranstaltung eines Modemagazins angesprochen und sich als mein Exfreund vorgestellt hatte. Ich fragte mich nicht nur, seit wann er sich für Mode interessierte, sondern auch, woher er wusste, dass der Bekannte mich kannte. Die Antwort darauf war jedoch simpel – er musste meine Freundeslisten auf Instagram und Facebook durchgegangen sein. Natürlich dokumentierte er die Begegnung mit meinem Bekannten mit einem Instagram-Foto und kommentierte unter dessen Bildern des Abends, wie nett er es fand.

Nett fand ich das alles überhaupt nicht, viel eher wahnsinnig unangenehm. Wenn Freunde und Bekannte mich auf Z. ansprachen und mir erzählten, wie merkwürdig er sich verhielt, dass er stets der Erste war, der ihre Bilder auf Instagram kommentierte, war mir das furchtbar peinlich. Ich ging dazu über, die

Sache mit ihm nicht mehr Beziehung zu nennen, sondern sie als kurzweilige Affäre abzutun, von der er sich offensichtlich mehr versprochen hatte. Mir war zunehmend unwohl bei dem Gedanken, dass ich überhaupt etwas mit so einem komischen Typen zu tun gehabt hatte. Seit der Trennung war viel Zeit vergangen, und ich war jetzt richtig genervt davon, dass er nicht aus meinem Leben verschwinden wollte.

Eines Abends, nach einem langen Tag im Büro, war ich mit einer Freundin, die Z. ebenso kannte, fürs Kino verabredet; sie holte mich in meinem Büro ab. In dem Moment, als wir auf die Straße traten, lief uns Z. über den Weg. Er sprach kurz mit ihr, sie fragte ihn, was er hier mache – er sei eben in der Gegend gewesen. Später sagte sie mir, dass sie ihm von unserer Verabredung erzählt hatte. Natürlich kann die Begegnung nur ein Zufall gewesen sein, es war mir an dieser Stelle aber bereits ein Zufall zu viel. Ihm lag offensichtlich alles daran, dafür zu sorgen, dass ich ihn nicht vergessen würde. Und das gelang ihm – mittlerweile überlegte ich mir zwei Mal, ob ich auf eine Veranstaltungen gehen sollte oder nicht, weil ich keine Lust hatte, dort auf ihn zu treffen. Immer häufiger entschied ich mich dagegen und behielt Recht – später sah ich auf seinem Instagram-Konto, dass er da gewesen war. Ich war inzwischen so alarmiert, dass ich seine Einträge regelmäßig prüfte.

Dass es so nicht weitergehen konnte, wusste ich. In einem letzten Gespräch wollte ich ihm sagen, wie sehr er mich damit bedrängte und ärgerte, in der Hoffnung, er würde mich verstehen und es lassen. Er antwortete erst ein Uhr nachts auf meine SMS, ich der ich ihn fragte, ob wir uns treffen könnten, denn ich müsste mit ihm reden – er hätte eigentlich keine Zeit, aber jetzt sofort ginge es. Ich lehnte ab, ich wollte ihn tagsüber auf neutralem Boden sprechen, darauf reagierte er nicht mehr.

Wenige Tage später verließ ich mein Büro und machte mich auf den Heimweg, als ich ihm einige Meter weiter auf der Straße begegnete. Wieder einmal sei er gerade zufällig in der Gegend gewesen.

»Können wir kurz reden?«

»Es gibt nichts zu reden.«

»Ich denke schon, ich zumindest will dir was sagen.«

»Ich wüsste nicht was, das ist doch alles abgeschlossen«, entgegnete er trotzig. Vielleicht ahnte er schon, was kommen würde. Als ich nicht lockerließ, stimmte er zu, sich auf eine Parkbank gegenüber zu setzen. Das Gespräch begann ich mit Entschuldigungen: »Ich weiß, dass es damals blöd gelaufen ist, und es tut mir leid, dass dich das so mitgenommen hat, das wollte ich nicht.«

»Das ist eben so, wenn man sich trennt, dann schmeißt man den anderen weg und kümmert sich nicht mehr um den.«

»Ich hab das nicht weggeschmissen, aber du hast mir keine andere Wahl gelassen ...«

»Du hast mich kaltherzig fallen lassen, aber so bist du eben.«

Was sollte ich dazu sagen? In meiner Erinnerung hatte ich tage-, wenn nicht wochenlang versucht, ihm mit Rat und Tat zur Seite zu stehen. Er wollte davon nichts wissen und sprach nur von meiner Gefühllosigkeit ihm gegenüber. Ich wechselte das Thema und fragte ihn, warum er so vielen meiner Kontakte auf Instagram folgte, deren Bilder stets likte und kommentierte – er leugnete alles: »Also wenn überhaupt, dann haben die angefangen, mir zu folgen. Ich habe so viele Follower, wie soll ich da den Überblick behalten?«

»Du kommentierst aber wirklich jedes Bild!«

»Die haben bei mir kommentiert; und selbst wenn es einmal andersrum war, war das ein Zufall.«

»Okay. Aber mir wird das alles zu viel. Auch dass du ständig bei Veranstaltungen auftauchst, die ich auf Facebook gepostet habe, und dort meine Freunde ansprichst. Machst du das, weil du mich treffen willst?«

»Ganz sicher nicht! Ich habe überhaupt kein Bedürfnis, dich zu sehen! Aber ich kann ja wohl noch selber entscheiden, wo ich hingehe und mit wem ich da rede. Denkst du etwa, Berlin gehört dir, oder was?«

Ich kam mir vor wie im Kindergarten. »Darum geht es doch gar nicht, ich habe einfach das Gefühl, du bedrängst mich. Kannst du nicht einfach mehr Abstand halten?«

Es war nicht das erste Mal, dass ich ihn um mehr Distanz bat, jedoch konnte er wahrlich kein Verständnis für diese Bitte aufbringen und erwiderte: »Es ist ja nun nicht so, dass die ganze Welt sich nur um Mary Scherpe dreht.«

»Aber warum bist du so oft in den Straßen um meine Wohnung und mein Büro unterwegs und postest dann noch Fotos davon auf Instagram?«

»Ich mache von allen möglichen Orten Fotos. Findest du nicht, dass du ein bisschen paranoid bist? Du kannst mir doch nicht verbieten, wo ich hingehe und wo nicht.«

Die ganze Zeit über war er ruhig, aber nun redete er sich in Rage: »Bist du ein Hund, der sein Revier markieren will? Was glaubst du eigentlich, wer du bist, dass ich meinen Tagesablauf nach dir ausrichte?!«

Dass wir in diesem Gespräch nicht weiterkommen würden, ahnte ich. Er konnte oder wollte mich nicht verstehen. Er wähnte sich im Recht und warf mir vor, egozentrisch zu sein. Also sagte ich ihm in aller Deutlichkeit: »Halte dich aus meinem Leben raus. Hör auf, meine Freunde zu kontaktieren, hör auf, mich zu kontaktieren. Ich will ein für alle Mal meine Ruhe und nichts mehr von dir hören!«

Wütend stapfte ich nach Hause. Ich fand seine Reaktion furchtbar frustrierend, aber vielleicht hatte meine direkte Ansage eine Wirkung, und er würde von nun an Ruhe geben. Es sollte vorerst das letzte Mal sein, dass wir direkt Kontakt hatten.

Wenige Tage später erzählte ich bei Gelegenheit einem Freund davon – interessanterweise ahnte dieser sofort, wen ich meinte, denn Z. hatte ihn schon online kontaktiert, Belanglosigkeiten ausgetauscht, war ihm zufällig auf Veranstaltungen begegnet und hatte ihm von mir erzählt. Z. schien einfach überall in meinem Freundeskreis seine Spuren hinterlassen zu haben. Als ich meinem Freund das letzte Gespräch mit ihm schilderte, entgegnete der als Erstes, dass Z. wie ein typischer Stalker reagiert hätte. Den Vorwurf, paranoid zu sein und sich alles nur einzubilden, weil man sich offensichtlich für das Zentrum der Welt hält, kannte er von einer Exfreundin, die ihn lange nach der Trennung belästigt hatte. Mittlerweile ließ sie ihn in Ruhe, da sie einen neuen Partner hatte und schwanger war. Ich nahm diese Warnung nicht so ernst, wie ich es vielleicht hätte tun sollen. Seine Exfreundin stellte sich vor sein Haus und brüllte so lange Beleidigungen, bis ein Nachbar die Polizei rief. So was machte Z. schließlich nicht.

Lange brauchte ich, um wirklich glauben zu können, dass Z. hinter *Marianne von Schelpe*, *stillinberlin* und all dem anderen anonymen Terror steckte. Ich konnte mir nicht vorstellen, dass er zu solchen Mitteln greifen würde. Seine Wut auf mich habe ich wohl lange unterschätzt. Aber im Laufe der Zeit fielen mir andere Übereinstimmungen auf: Der Stalker mokierte sich in seinen Nachrichten zum Beispiel gern über meine großen und kleinen Schreibfehler – Rechtschreibung und Grammatik lagen Z. immer am Herzen, zu gern korrigierte er meine Fehler. Bekannt schienen mir auch die Themen, auf denen der Stalker wiederholt herumhackte – ständig unterstellte er mir eine Yoga-Obsession oder zweifelte an, dass ich Vegetarierin war. Z. hatte sich in der Kürze unserer Beziehung ausführlich darüber lustig gemacht, dass ich Yoga mache und vegetarisch esse. Er hielt das für Yuppie-Quatsch und bevorzugte Döner und Fernsehen. Das größte Ärgernis war Z. und später dem Stalker mein Blog: was ich darin schrieb, wie viele Menschen ihn täglich lasen und wie viel Geld ich damit – ungerechtfertigt, natürlich – verdiente. Z.s finanzielle Probleme rührten unter anderem von einer langen Arbeitslosigkeit her, er verbrachte seine Zeit damit, Fotos auf Instagram zu stellen und melancholische Texte für seinen Blog zu verfassen. Trotz einer großen Fan-Gemeinde, die seine Depression mit literarischem Talent verwechselte, verdiente er damit fast kein Geld. Und begründete das damit, dass er und seine Schreibereien nicht käuflich seien. Schon früh kritisierte er meinen Geschäftssinn und meinen Willen, mit dem, was ich machte, Geld zu verdienen. Einmal nannte er das abwertend »niedliche Geschäftigkeit«. Er dagegen schaffte es höchstens zu Gratis-Häppchen auf diversen Empfängen in Politik und Internet-Szene.

Mir erschloss sich ein Gesamtbild – die Vorwürfe, ich sei

überheblich und egozentrisch, gäbe vor, etwas zu sein, was ich nicht bin, und vertusche dabei lediglich meine Einfältigkeit und Ignoranz – kamen die alle einfach von meinem frustrierten Exfreund, der nicht überwinden konnte, dass aus der Beziehung nichts geworden ist?

Der Stalker musste jemand sein, der eine außerordentliche Wut auf mich hatte, sich aber gleichzeitig nicht traute, mir damit direkt zu begegnen. Ich musste diese Person an irgendeinem Punkt maßlos enttäuscht haben, damit sie diesen Zorn auf mich entwickeln konnte. Außerdem musste sie sich sehr gut mit dem Internet auskennen, denn von Anonymisierungssoftware, falschen Mail-Accounts und Blockdiensten, um alle Spuren zu verwischen, haben doch die wenigsten eine konkrete Ahnung.

Mir fiel niemand außer Z. ein, der beide Voraussetzungen erfüllte. Er könnte sich nicht nur einbilden, einen Grund für solche Schikane zu haben, schließlich habe ich ihn »kaltherzig fallen lassen«, sondern kannte sich mit den technischen Mitteln aus, denn das Internet war seit Jahren der Spielplatz, auf dem er die meiste Zeit verbrachte. Das waren natürlich alles lediglich Vermutungen, die ich mit Indizien begründete – einen eindeutigen Beweis, dass Z. der Täter war, hatte ich bisher nicht.

Als nach meiner vorwarnenden E-Mail im Oktober 2012 das Twitter-Konto von *stilparodie* eingestellt wurde und Z. selbst alle Internet-Aktivitäten aufgab, war ich endlich überzeugt und selbstbewusst genug, um seinen Namen und alle Informationen, die ich über ihn hatte, an die Polizei weiterzugeben. Ich war gespannt, was geschehen würde.

Aber erst mal kehrte Ruhe ein. Keine Tweets, keine Post, keine Fotos, nichts! Ich fühlte eine unendliche Erleichterung. Alsbald kam es mir so vor, als hätte ich gar kein Problem gehabt. Als läge alles, was passiert war, bereits weit zurück.

Damit war es leider schneller vorbei, als ich hoffte. Sollte Z. von meiner Mail irgendwie eingeschüchtert gewesen sein, hatte er das Mitte November vollständig überwunden. Er reaktivierte das Twitter-Konto *stilparodie* und schloss da an, wo er aufgehört

stilparodie

@stilparodie

Due to Twitter's Terms of Service this is a parody of the famous Blog Stil in Berlin. It's awesome!

 Folgen

47 TWEETS
380 FOLGE ICH
21 FOLLOWER

hatte: Er verbreitete täglich Beleidigungen. Wahrscheinlich hatte Z. schnell festgestellt, dass ich wenig gegen ihn in der Hand hatte, und fühlte sich wieder sicher. So sicher, dass seine Aktivitäten zunahmen.

Deshalb versuchte ich es noch einmal mit einer Beschwerde wegen Beleidigung bei Twitter und reichte Tweets wie: *Diese Arroganz ist unerträglich,* oder: *Gute Jacke, gute Tasche, aber scheiße Frau* ein. Ich fügte hinzu, dass es sich um die gleiche Person wie im Juli handelt, dass die Beleidigungen täglich kamen und schlimmer wurden, dass diese Person Bestellungen für mich aufgab und mich anrief, und dass eine polizeiliche Ermittlung im Gang ist. Diesmal antwortete mir nicht Wannanosaurus, sondern Flynn Jackson, allerdings mit dem gleichen Standardtext: »Wir verstehen, dass jeder eine andere Sensibilität gegenüber Inhalten, mit denen man sich unwohl fühlen mag, hat. Twitter bietet jedoch eine Kommunikationsplattform, die dazu benutzt werden kann, kontrovers zu diskutieren.« Es folgten die bekannten Ratschläge: »Reagieren Sie nicht darauf. Blockieren Sie das Konto. Falls Sie glauben, dass das Verhalten illegal ist, wenden Sie sich bitte an Ihre lokalen Behörden.« Das war Twitters Reaktion auf ein Konto, das ausschließlich dazu benutzt wurde, mich täglich zu belästigen. Mit Nachrichten wie:

Ich bin eine Kommerzikone.

Als Marusha berühmt war, habe ich noch auf meinem Bauernhof in Ostdeutschland gelebt.

Meine Peergroup ist hohl.

Wieder steckte ich in der gleichen Sackgasse – der Dienst, über den der Stalker täglich seine Hasstiraden losließ, sah sich für diesen Missbrauch seiner Plattform nicht zuständig.

Ich hatte keinerlei Handhabe, die Nachrichten würden weiter online für jeden sichtbar erscheinen. Zu diesem Zeitpunkt hatten zwar nur 21 andere Nutzer das Konto abonniert, aber mir reichte das.

Im November war ich in einer Talkshow im Regionalfernsehen zu Gast, es war ein kurzweiliger Auftritt zum Thema Stil und Mode, den nur wenige sahen. Der Stalker jedoch begleitete diesen Auftritt live auf Twitter, sowohl unter dem Namen *stilparodie* als auch auf einem extra dafür eingerichteten neuen Konto. Ich dokumentierte das nicht mehr, nachdem ich bei Twitter wieder gescheitert war, gab ich auf und versuchte, meine bisherige Strategie, es zu ignorieren, weiter durchzuhalten.

Irgendwann hatte ich es geschafft, mir abzugewöhnen, ständig auf Twitter nach neuen Beleidigungen zu schauen. Auch Z.s sonstige Konten schaute ich mir nicht mehr an und begriff diese Disziplin als kleinen Sieg. Noch immer glaubte ich, der Schlüssel zur Lösung des Problems läge bei mir – solange ich mich von seinen Taten nicht beeindrucken ließ, konnte mir nichts passieren. Aber Probleme verschwinden bedauerlicherweise nicht, nur weil man sie lange genug ignoriert.

Du kennst mich nicht

Ende November fuhr ich mit meiner Freundin Nathalie nach Kalifornien, das war lange geplant, und ich freute mich seit Wochen darauf. Nicht nur, weil ich noch nie an der Westküste war und nicht erwarten konnte, L. A. und San Francisco zu sehen, sondern auch, weil ich wegwollte von den Anrufen, der Post und den Twitter-Nachrichten; der Stalker war nach der kurzen Pause im Oktober wieder auf allen Kanälen aktiv. Zwar blieb ich im Urlaub weiterhin erreichbar und arbeitete ein bisschen, aber dank acht Stunden Zeitverschiebung bekam ich viel weniger mit als sonst.

Damit war erst einmal Schluss, als ich eines Abends eine Mail im Postfach fand. Der Absender war *anonymous@foto.nl1.torservers.net*. Im Betreff stand *Du* und in der Mail nur zwei kurze Sätze:

Du kennst mich nicht, aber ich kenne Dich! Du hättest mir das nicht wegnehmen dürfen.

Ich fand die Mail, kurz bevor wir zum Abendessen gehen wollten – sie holte mich mit ihrer Bedrohlichkeit aus meiner Urlaubslaune direkt wieder auf den Boden der Tatsachen. Sofort wusste ich, dass sie von Z., dem Stalker, kam. Bis dahin hatte ich die Zeit in L. A. sehr genossen – zugegeben, es waren erst vier Tage –, aber diese Mail erinnerte mich daran, dass es ihn gab, dass er sich zu einem Teil meines Lebens machen wollte und würde, dass ich ihm nicht entfliehen könnte. Dafür reichten zwei kurze Sätze, die klangen, als wären sie aus einem schlechten Thriller.

Die Stimmung war dahin, und mir schossen tausend Gedanken durch den Kopf: Wollte Z. damit lediglich von sich ablenken? War es vielleicht nicht Z., sondern wirklich jemand, den ich nicht kenne? Wem, den ich nicht kenne, hätte ich etwas wegnehmen können? Und was könnte das sein? Einen Partner? Einen Job? Einen ...?

Hatte Z. etwa gemerkt, dass mich seine Twitter-Nachrichten zunehmend weniger erreichten, und hatte deshalb recherchiert, wie er mir anonyme Mails schreiben konnte? Die Mail wurde über einen TOR-Server geschickt. Wie lange hatte er gebraucht, bis er auf diese Möglichkeit kam? Oder benutzte er die schon die ganze Zeit? Was war TOR überhaupt?

Vorher hatte ich von TOR nur vage im Zusammenhang mit der Diskussion um Datenschutz im Netz und Wikileaks gehört – ich googelte den Begriff und las mich ein. Die Abkürzung TOR steht für »The Onion Router«, es handelt sich dabei um ein Netzwerk virtueller Verteiler, die sich ständig neu und zufällig verbinden. Geht man über das TOR-Netzwerk online, werden alle Aktionen über hunderte verschiedene Computer der TOR-Benutzer geleitet und damit der Ausgangspunkt der Aktionen verschleiert. Aber nicht nur das, im TOR-Netzwerk gibt es viel weniger Ausgänge als Eingänge und Knotenpunkte innerhalb des Netzwerks. Über diese wenigen so genannten exit nodes gehen tausende Benutzer gleichzeitig mit der gleichen IP-Adresse aus dem Netzwerk. Auch wenn es rein theoretisch möglich wäre, den Weg durch das TOR-Netz zurückzuverfolgen, ist dieser so komplex, dass der Ursprung praktisch nicht zu finden ist. TOR-Server gelten als die sicherste Methode, um sich unerkannt im Netz zu bewegen.

Von wegen, im Internet ist niemand anonym, dachte ich. Es gab sehr wohl Möglichkeiten, virtuelle Spuren zu verwischen. Wenn Z. dieses Netzwerk jetzt immer benutzen würde, hätte ich dann nie eine Chance, ihm seine Taten nachzuweisen? Würde er einfach ungeschoren davonkommen? Könnte er mir jeden Tag fiesere Mails mit schlimmeren Drohungen schicken?

Zu schnell geriet ich in dieses Gedankenkarussell und wusste zeitgleich, dass er mich jetzt da hatte, wo er mich haben wollte – diese Fragen beunruhigten mich, die Aussicht, dass er seine Schikane unbehelligt weiterführen konnte, machte mir Angst, und sie machte mich wütend. Aber ich wusste, dass er genau das wollte, er wollte mich in Panik versetzen, also versuchte ich, es mir zu verbieten. Ich schloss die Mail und nahm mir vor, nicht darüber zu reden.

Nathalie und ich gingen in ein mexikanisches Restaurant, eigentlich mögen wir mexikanisches Essen nicht allzu gern, aber schließlich soll gerade die kalifornische Version dieser Küche großartig sein.

Schon auf dem Weg dahin erwischte ich mich dabei, wie ich über die Mail nachdachte. Und die Gedanken wieder verdrängte.

Bisher kannte ich nur eingedeutschte Varianten mexikanischer Gerichte, aber möglicherweise war das Original so gut, dass ich mich überzeugen ließ. Vielleicht könnte ich sogar einen kleinen Artikel in meinem Blog darüber schreiben? Im Restaurant angekommen, bestellten wir reichlich von der großen Karte. Das Essen war in der Tat besser als die mexikanischen Gerichte, die ich bisher probiert hatte. Aber war es gut genug, um darüber zu bloggen ...?

Ehrlich gesagt konnte ich das Essen ohnehin nicht richtig genießen, ständig schoben sich Gedanken an Z.s Mail durch meinen Kopf: Wollte Z. den Verdacht mit *du kennst mich nicht* wirklich nur von sich lenken? Glaubte er ernsthaft, dass ich darauf reinfallen würde? Wie kam er dazu, solche Nachrichten zu verfassen? Ärgerte es Z. so sehr, dass ich auf Reisen war?

Wieso musste er mich immer noch nerven? Woher nahm er den Mut? Und die Zeit? Wieso konnte er einfach nicht von mir lassen, ich ließ ihn doch auch in Ruhe!

Ich hatte Bedenken, Nathalie furchtbar zu nerven, wenn ich es ansprach. (Wieso konnte ich diese Mail nicht einfach ignorieren!?) Das Gefühl, meinen Freunden mit dem Reden über Z. auf den Geist zu gehen, hatte ich in letzter Zeit häufiger, auch wenn sie mir nie einen Anlass dafür gegeben haben. Aber hätte ich selbst Lust, ständig über ein Problem zu reden, das sich vielleicht nicht lösen, aber doch eigentlich ignorieren ließ?

Als ich mich schließlich dazu entschloss, es anzusprechen, war ich erleichtert über Nathalies einfühlsame Reaktion. Sie verstand, dass mich so eine Mail beunruhigte, und war überzeugt davon, dass ich mit meiner Vermutung, Z. sei der Täter, Recht hatte. Sie erklärte sein Stalking mit seinem geringen Selbstbewusstsein, seinen Komplexen und seinem dringenden Wunsch, Teil meines Lebens zu sein. So unangenehm es mir war, darüber zu sprechen, so sehr hatte es sich gelohnt. Der Zuspruch meiner Freundin half mir und rettete meine Urlaubslaune zumindest ein bisschen. Wieder zurück in unserer Ferienwohnung, sperrte ich mein Konto für alle Mails, die über TOR-Server kamen.

Am folgenden Tag erreichte mich allerdings die nächste E-Mail, diesmal von einer @playboy.com-Adresse:

Liebe Mary Scherpe,
seit lagem schon verfolgen wir mit dem allergrößten Interesse Dein Blog.
Ich hoffe, dass Du Deinen Urlaub in California genießt. Aber die Westküste hat weitaus mehr zu bieten als Gemüsemärkte: Sonne, Strand und Girls. Wir laden Dich daher herzlich ein, unsere Playboy-Studios in San Francisco zu besuchen und darüber zu berichten.
Auch weitere Kooperationen könnten wir uns gut mit Dir vorstellen: Im Rahmen unser geplanten Serie »Bloggerinnen ziehen sich aus« hätten wir Dich statt immer nur hinter der Kamera auch gern einmal vor der Kamera. Du würdest Dich dort bestimmt sehr gut machen. Ein attraktives Honorar lockt dabei für Dich natürlich auch.
Ich werde mich in den nächsten Tagen telefonisch mit Dir in Verbindung setzen. Ich wünsche Dir noch einen schönen Urlaub.

Beim ersten Lesen war ich mir unsicher – unter der E-Mail stand eine vollständige Signatur mit Namen, und der Ton klang nicht nach dem, den ich vom Stalker gewohnt war. Aber die Playboy-Studios waren doch nicht in San Francisco, die waren doch in Los Angeles? Wie irre war außerdem diese Fotoshooting-Idee? Und wieso sollten die ausgerechnet auf mich kommen, gab es doch so viele Bloggerinnen, die sich viel lieber – angezogen – vor einer Kamera präsentierten?

Ich leitete die Mail an meinen Freund Oli weiter, der von dem Stalker seit Beginn wusste. Oli hatte keinen Zweifel, dass diese Mail von Z. stammte, er hielt nicht nur das Angebot für völligen Unsinn, auch über die Person, von der die Mail angeblich stammte, ließen sich keine Informationen finden.

Und wieso belehrte mich der Absender, dass es an der Westküste mehr gab als Gemüsemärkte? War das eine Anspielung auf meinen Vegetarismus? Regte Z. etwa auf, dass ich »schon wieder« über einen Markt, den Farmer's Market in Santa Monica, geschrieben hatte?

Oli riet mir, mit einem Dienst zu antworten, der Auskunft darüber gibt, wer die Mail liest – Whoreadme.com. Bisher hatte ich nie in Erwägung gezogen, dem Stalker zu antworten, oder irgendeinen Plan erdacht, mit dem ich ihn reinlegen könnte. Allerdings bot dieser Dienst eine Möglichkeit, Z. vielleicht unkompliziert auf die Schliche zu kommen. Ich formulierte eine kurze Absage und füllte das Formular von whoreadme.com aus, ich prüfte alles zig Mal, um nicht Gefahr zu laufen, dass Z. irgendetwas vom Tracking mitbekam. Aber Sekunden nachdem ich auf Senden klickte, kam die Fehlermeldung: die so authentisch klingende Adresse funktionierte nicht.

Ich bemühte mich, unsere Zeit in Kalifornien trotzdem zu genießen – bloggte über unsere Fahrt entlang der Pazifikküste auf dem Highway One nach San Francisco, fotografierte die Seelöwen in Big Sur für Instagram und kaufte viel zu viel Brot bei der Tartine Bakery im Mission District von San Francisco. Was man als Tourist eben so macht. Dann genossen wir die heiße Novembersonne am Pool in Palm Springs, bevor wir wieder nach L. A. fuhren.

Das war alles mehr als herrlich, auch wenn ich zugeben musste, zwischendurch schon den neuesten Streich des Stalkers gesehen zu haben. Er hatte einen Tumblr-Blog und ein Twitter-Konto angelegt, die sich *Dings in Berlin* nannten – der Bezug zu meinem Blog war klar, er wählte außerdem die gleiche Schrift und Anordnung zur Gestaltung des Logos. Zu Beginn gab es darauf ausschließlich Bilder von mir, die er mit mehr oder weniger witzigen

Bildunterschriften versah. Die meisten davon waren bereits recht alt, er musste einiges an Zeit damit verbracht haben, alle vorhandenen Bilder im Netz zu recherchieren. So kommentierte er ein Bild von mir, das 2009 bei einer Konferenz aufgenommen wurde und nicht sonderlich vorteilhaft ist, mit *Hübsche in Berlin*. Vielleicht hatte er sich ja einen Ordner angelegt, in dem er alle seine Fundstücke sortierte?

Zwar waren die Bilder in keiner Weise verfänglich, höchstens unvorteilhaft, dennoch beunruhigte mich der Gedanke, dass er jedes einzelne Foto von mir, das in den Weiten des Netzes herumschwirrte, speichern und irgendwann einmal verwenden würde. Ich blieb jedoch dabei, es ignorieren zu wollen, und ahnte nicht, was bald auf mich zukommen sollte. Als ich das Angebot bekam, für einen kleinen Job ein paar Tage länger in L. A. zu bleiben, akzeptierte ich freudig.

Doch mit der guten Laune war es bald endgültig vorbei. Am 26. November wachte ich morgens gegen 8:00 Uhr kalifornischer Ortszeit auf, öffnete meinen Laptop, um die neuesten Mails zu checken, und konnte meinen Augen kaum trauen.

Ich hatte *Dings in Berlin* ziemlich konsequent nicht beachtet, denn trotz des großen Aufwands und der neuen Plattform fand Z. nur wenige Leser. Während das erste Instagram-Konto im Juni noch täglich Abonnenten gewonnen hatte, blieb sein letztes Twitter-Konto *stilparodie* auffällig publikumslos. Selbst sein Versuch, sich live über meinen kleinen Auftritt im Regionalfernsehen lustig zu machen, fand wenig Anklang. Es stellte sich heraus, dass sich kaum ein anderer über längere Zeit für das Verhöhnen meiner Person und meines Blogs interessierte. Das musste ihn genervt haben – nur so konnte ich mir erklären, weshalb Z. den Spielraum von *Dings in Berlin* vergrößerte. Er löschte die alten, ausschließlich auf mich gerichteten Postings und begann Bilder anderer Blogger mit satirischen Bilduntertiteln zu posten. Bestehen blieb jedoch der eindeutige Bezug zu mir und meinem Blog, nicht nur beim Namen – in einem Großteil der Artikel ging es um mich.

Inspirieren ließ er sich zu dieser »Erweiterung« wahrschein-

lich von einem weiteren Tumblr-Blog, der in diesen Tagen die Runde machte und sich *The Real Face of Berlin Blogging* nannte. Bereits seit Anfang November waren dort Bilder von Bloggern mit ironischen Untertiteln zu sehen. In den über dreißig Beiträgen dieses Blogs kam ich genau einmal vor – mit einem Bild, das ich am Tag zuvor bei Instagram hochgeladen hatte. Da ich in der Berliner Bloggerszene zwar eine Rolle spielte, aber mit meiner Person und meinem Gesicht nicht gerade sehr präsent war, konzentrierte sich *The Real Face of Berlin Blogging* eher auf andere, bei denen Selbstporträts alltäglich waren. Während es bei vielen Blog-Autoren, gerade aus dem Lifestyle-Bereich, fast selbstverständlich dazugehörte, sich selbst zu zeigen, gab es von mir vielleicht alle zwei Monate mal ein Bild bei Instagram. Trotzdem ging es in sieben von gerade mal 21 Beiträgen auf *Dings in Berlin* um mich. Von Beginn an war mir klar, dass der Blog *The Real Face of Berlin Blogging* lediglich ein polemischer Scherz war, während der Stalker mit *Dings in Berlin* eine weitere Front im Kampf gegen mich eröffnete.

The Real Face of Berlin Blogging wurde schnell von anderen entdeckt und über Facebook und Twitter verbreitet, die meisten fanden dessen Einträge lustig – *Dings in Berlin* profitierte als

Nachahmer von dieser Aufmerksamkeit. Ich bekam im Urlaub von dem Rummel jedoch nichts mit, ich war viel zu sehr damit beschäftigt, kalifornische Second-Hand-Stores zu durchstöbern und Strandspaziergänge zu machen.

Bis zum 26. November. An diesem Tag fand ich morgens kurz nach dem Aufwachen – allerdings Ortszeit Los Angeles, also schon nachmittags in Berlin – eine Diskussion auf Facebook, die seit über acht Stunden im Gange war. Darin wurde mir unterstellt, Urheberin von *Dings in Berlin* zu sein, und mit anwaltlichen Konsequenzen gedroht, sollte ich die Seite nicht sofort löschen. Z. hatte vorsorglich meine Adresse in den Quelltext der Seite eingetragen, was mit ein wenig Programmierwissen vollkommen unproblematisch ist. Dieser kann von allen Besuchern der Seite eingesehen werden, was einige auf den Gedanken brachte, mich als Initiatorin der Seite zu vermuten. Die Diskussion entbrannte in einer Facebook-Gruppe für Blogger; ein besonders engagierter Blogger hatte mich darin mit Namen beschuldigt und mir mehrfach Nachrichten geschrieben. Ich jedoch entdeckte die Debatte erst gegen 17:00 Uhr Berliner Zeit und schickte sofort einen Kommentar ab, in dem ich klarstellte, dass ich mit der Sache nichts zu tun hatte, sondern sie von einem Stalker ausging, der mich seit Monaten belästigte. Zum ersten Mal machte ich damit öffentlich bekannt, dass ich einen Stalker hatte. Nach wie vor war mir dieser unleugbare Fakt unangenehm. Hieße vor anderen darüber sprechen nicht auch, es zu akzeptieren? Ich hätte es gern vermieden, aber ich sah keine andere Möglichkeit. Z. hatte freudig begonnen, unter dem Namen *Dings in Berlin* Karriere zu machen, bekam dafür auch noch lobende Aufmerksamkeit, und das konnte ich nicht zulassen.

Dachte ich, dass es mit diesem Kommentar erledigt sei und *Dings in Berlin* wieder in der Versenkung verschwinden würde, las ich kurz darauf eine Antwort, in der meine Erklärung angezweifelt wurde. Mittlerweile hatte *Dings in Berlin* ein »Statement« veröffentlicht – illustriert mit einem Bild von mir –, in dem sich der Urheber der Seite als »zwei Berliner PR-Frauen«

ausgab, die jedoch lieber anonym bleiben wollten. Der ganze Text war himmelschreiend unglaubwürdig, und ich konnte kaum fassen, dass einige darauf hereinfielen. Aber ich konnte nichts tun, einige wollten diesem »Statement« mehr Glauben schenken als meiner Aussage, dass ich gestalkt wurde.

Dann erhielt ich eine Facebook-Nachricht einer entfernten Bekannten, die meinen Kommentar in der Diskussion gelesen hatte. Sie berichtete mir, dass sie einige Wochen vorher etwas Merkwürdiges auf ihrem Instagram-Konto beobachtet hatte. Ihr folgte seit geraumer Zeit ein Konto mit dem Namen *Sherry Merpe*, das eine Reihe seltsamer Kommentare unter ihren Bildern hinterlassen hatte. Ich selbst hatte dieses Konto nie gesehen, den Namen aber kannte ich – *Sherry Merpe* ist mein Online-Pseudonym, das ich verwende, wenn ich meinen richtigen Namen nicht angeben will – nach ihm ist mein zweites, recht privates Facebook-Konto mit knapp siebzig Freunden benannt. Z. kannte diesen Namen natürlich. Meine Bekannte erzählte mir nun, dass sie beobachtet hätte, wie *Sherry Merpe* auf Instagram einen Kommentar bei ihr abgegeben hat, der aber Sekunden später wieder gelöscht wurde. Gleich darauf erschien derselbe Kommentar unter einem anderen Konto-Namen – dem »offiziellen« Instagram-Namen von Z.! Ich konnte kaum glauben, was ich da las – war ihm wirklich ein solcher Fehler unterlaufen? War das der Beweis?

Wenn Z. hinter dem falschen *Sherry-Merpe*-Konto steckte, musste er doch der Urheber all der anderen Konten sein. Wenn er einmal so weit gegangen wäre, würde er es auch ein zweites, drittes und viertes Mal tun. Das war doch die Verbindung zwischen Z. und dem Stalker! Zwar war ich persönlich schon überzeugt, dass nur Z. der Stalker sein konnte, aber diese Vermutung von einer dritten Person bestätigt zu bekommen, erleichterte mich enorm. So wütend ich war, dass er mich gezwungen hatte, öffentlich über ihn zu sprechen, so glücklich war ich, dass es zu diesem Hinweis führte.

Jetzt hatte ich einen glaubhaften Beweis – hinter allen Aktionen stand ein frustrierter Exfreund, der mit meiner Zurückweisung nicht zurechtkam und deswegen einen unbändigen Ärger entwickelte, mit dem er nicht anders umgehen konnte, als ihn an mir auszulassen. Der mich genauso leiden sehen wollte, wie er selbst glaubte, gelitten zu haben. Der nur Erleichterung seines Liebeskummers spüren konnte, wenn er mir Schaden zufügte. Und der einen Rachefeldzug plante, um sich an meiner wachsenden Unsicherheit und Angst zu weiden. Diese Genugtuung würde ich ihm auf keinen Fall geben.

Am folgenden Tag fuhr ich zu einem Tätowierer mitten in L. A. – ich hatte das lange vor und mich nie recht getraut, aber jetzt war der richtige Zeitpunkt gekommen. Ins linke Handgelenk ließ ich mir ein kleines Herz stechen; es sollte mich daran erinnern, was mir wichtig war. Immer wenn ich es sah, sollte es mir zeigen, dass es in meiner Hand lag, mein Leben zu definieren. Nicht er und sein Hass bestimmten meinen Tag, sondern die Liebe meiner Freunde und meiner Familie. Das Herz sollte mir Kraft geben.

Denn wenn ich ehrlich war, setzte mir alles viel mehr zu, als ich zuzugeben bereit war. Ich vermied es, länger darüber nachzudenken, aber die gesamte Situation machte mich nicht nur wütend, sondern traurig. Jeder gescheiterte Versuch, mich zur Wehr zu setzen, ließ mich hilflos zurück; ich verlor zunehmend die Hoffnung, ihm je etwas entgegensetzen zu können, und hatte Angst, dass er nie von mir lassen würde. Diese deprimierenden Gedanken waren so einschüchternd, dass ich sie lieber verdrängte, als mich ihnen zu stellen. Ich merkte, wie ich mich langsam zurückzog und oft keine Lust hatte, auszugehen oder Freunde zu treffen. Dass ich vor allem am Wochenende sehr müde war und nur schlafen wollte. Als Folge des Stalkings verstand ich diese Anzeichen nicht, schließlich wollte ich meinen Alltag auf keinen Fall von Z.s Attacken bestimmen und mich nicht einschüchtern lassen. Ich glaubte, ich müsste den Kopf nur hoch genug halten, dann würde mich das alles nicht berühren. Zumindest nicht so sehr.

Am Abend im Hotel, mit dem frisch gestochenen Herz am Handgelenk, sah ich mit Freude, dass die Einträge im Blog *Dings in Berlin* gelöscht worden waren und der Urheber die Schließung des Blogs ankündigte. Im letzten Eintrag schrieb er, dass trotz des vielen »Zuspruchs« eine Einstellung unvermeidbar geworden wäre. Ich konnte ein höhnisches Lachen nicht vermeiden.

Erst viel später erfuhr ich aus der Akte meiner ersten Anzeige, dass Z. an diesem Tag Besuch von der Polizei erhalten hatte. Nachdem ich seinen Namen und den Wohnort der Eltern an den ermittelnden Beamten gegeben hatte, fuhren zwei Beamte zu ihnen, um sie nach Z.s Aufenthaltsort zu befragen. Dort trafen die Polizisten nicht nur seinen Vater, sondern sogar ihn selbst. Sie belehrten Z., dass es Ermittlungen gab und er deswegen befragt werden sollte – er erhielt eine Einladung für den 5. Dezember auf der örtlichen Wache.

Z. tauchte dort nie auf.

Und da niemand eine Aussage machen muss, die ihn selbst belastet, und eine Verweigerung der Aussage nicht zu eigenen Lasten ausgelegt werden darf, endete die Ermittlung an dieser Stelle. Freilich, es kann ein Zufall gewesen sein, dass der Blog *Dings in Berlin* am Tag des Polizeibesuches eingestellt wurde.

Ob und wie die Polizei ermittelte, wusste ich nicht, ich wurde nicht über den Verlauf der Ermittlungen informiert, jedoch hatte ich von da an erst mal wieder Ruhe. Wie vorher gewöhnte ich mich viel zu schnell daran – ein Stein, von dem ich vorher gar nicht wusste, wie groß er war, war mir vom Herzen gefallen. Vielleicht hatte es nun endlich ein Ende?

Aloha, schon mal über Absaugen nachgedacht?

Doch zwei Wochen später war es wieder so weit: Es war Mitte Dezember, und ich saß gerade in der Bahn, als ich eine Nachricht von einem Twitter-Konto mit dem Namen *berlin_yoga* erhielt: *Gegen hektisches Vielgetwitter solltest Du es mit entspannenden Yoga-Übungen probieren: Nivata Mondgruss für den Beginn.* Wieder war mir sofort klar, wer der Absender der Nachricht war. Nicht eine Sekunde zweifelte ich daran: Z. war wieder aktiv. Ich fuhr in der U-Bahn-Linie 2 und hatte bei jeder zweiten Station einen Tweet abgeschickt, weil mir die U-Bahn-Fahrt so unendlich lang vorkam und mir langweilig wurde. Zu dem Zeitpunkt hatte ich den Stalker fast vergessen und nicht darüber nachgedacht, dass es ihn provozieren könnte. In meinen Tweets stand nichts Besonderes, niemand sonst hatte es gestört, dass ich fünf Nachrichten in fünfzehn Minuten schrieb. Kurze Zeit nach dem Besuch der Polizei hatte Z. aber offensichtlich wieder genügend Mut und Wut gesammelt, um sich ein neues Konto einzurichten und mich wieder zu attackieren. Hatte er wirklich nur 14 Tage pausiert? Es kam mir vor wie ein Monat, mindestens … Fast so, als wäre es nie passiert! Ich staunte über mich selbst und meine Fähigkeiten, das Stalking zu verdrängen.

Für den Rest des Jahres blieben die drei Tweets des Yoga-Kontos zum Glück die einzige Regung. Vielleicht hatte Z. doch Besseres zu tun? Oder saß der Schock über den Besuch der Polizei tiefer?

Allerdings war das Jahr 2013 nicht besonders alt, als ich abermals anonyme Anrufe erhielt und auf neue Twitter-Konten stieß. Zum Beispiel auf *charlottenstil*, eventuell als eine Anspielung darauf, dass ich auf meinem Blog mehrmals über Orte in Charlottenburg geschrieben hatte. Oder auf irgendwas anderes, es war schon fast egal geworden. Und ab da wurden es täglich mehr Nachrichten, mit denen er mich belästigte.

Ich weiß nicht mehr, warum, aber ich ging wieder dazu über, seine Twitter-Konten zu blockieren. Unglücklicherweise brachte das wirklich gar nichts: Sobald ich eines geblockt hatte, tauchte er mit neuem Namen wieder auf. Immer wieder – ich blockte *charlottenstil*, er löschte den und kreierte *bloggertun*, ich blockte diesen, er legte *wasbloggertun* an. Dann machte er sich nicht mal mehr die Mühe, sich neue Namen auszudenken, und führte sein Spiel unter *wasbloggertun1*, *wasbloggertun2*, *wasbloggertun3*, *wasbloggertun4*, *wasbloggertun5*, *wasbloggertun6*, *wasbloggertun7* und *wasbloggertun8* fort. Z. richtete seine Twitter-Nachrichten mittlerweile ausschließlich an mich, denn es ging nicht mehr darum, Publikum zu finden; Hauptsache, ich las die Texte.

Im Januar sorgten ein Freund und ich bei einer kleinen Feier von Freunden in einer Bar in Mitte für die Musik und hatten das vorher bei Facebook angekündigt. Während der Party schrieb Z. unter *wasbloggertun5* auf Twitter:
Wir kommen auch gleich. Leg doch zum Üben noch ein bißchen Patrick Wolf auf. Hoffentlich bringt Florian genug Musik mit.
Kurz darauf: *Wärst du auch nur ein bißchen cool, würdest du richtige Schallplatten auflegen und keine MP3s auf dem Computer deines Freundes.*
Eine Stunde später: *Hätte nicht gedacht, dass du irgendwas noch schlechter kannst als Schreiben. Das Auflegen solltest du auch lassen.*
Ich hatte bis dahin nicht auf mein Telefon geschaut und gar nicht mitbekommen, dass er mir schrieb. Als ich die Nachrichten sah, blockierte ich *wasbloggertun5*.
Also kam die nächste Nachricht von *wasbloggertun6*:
Das war die schlechteste #artistnight ever. Auflegen kannst du also auch nicht. Noch nie gab's im King Size so schlechte Musik.
Nächsten Mittwoch gibt's dann endlich wieder bessere Musik. Schade, dass du dann nicht da sein kannst.
Schlecht auflegen ist doch keine Arbeit. (Gute DJs machen Gäste glücklich. Wie gute Blogger Leserinnen.)
Und dieses peinliche Tanzen hättest du dir auch sparen können. Hab nie jemanden gesehen, der sich so ungelenk bewegt wie du.
Warum gehst du nicht mal wieder zur Maniküre, anstatt Katzenmusik zu machen? Nötiger wäre es.
Auch wenn er den Anschein erwecken wollte, Z. war nicht auf der Party, und ich hatte auch keine Angst, dass er dort auftauchen würde. Weder war er in der Stadt noch hätte er je den Mut gehabt, mir gegenüberzutreten. Ich war mittlerweile davon überzeugt, dass er mich stalkte, deswegen war mir klar, dass all diese Ankündigungen nur heiße Luft waren, denn er war die ganze Zeit entweder in Hamburg oder bei seinen Eltern. Er hatte lediglich auf Instagram ein Bild gesehen, das ich während der Feier von unserem Laptop auf dem DJ-Pult gemacht hatte. Wollte er mir etwa Angst machen? Oder von sich als Verdächtigem ablenken,

indem er mir weismachte, der Stalker käme aus meinem Umfeld? Oder noch schlimmer, es gäbe mehrere Stalker, die sich ständig unerkannt in meiner Nähe aufhielten? Die sich organisierten, um mich gemeinsam zu bedrohen? Wie albern, hoffte er wirklich, ich fiele auf derartig absurde Verschwörungstheorien herein?

Im Prinzip war es mittlerweile egal, was ich tat, ob ich etwas veröffentlichte oder nicht – Z. fand jeden Tag Sachen, die er kommentieren wollte; ihm fielen zig Belehrungen ein, und wenn er keine neuen Ideen hatte, wiederholte er einfach alte Beleidigungen. Es war schrecklich ermüdend. Am meisten fuchste ihn mein Blog, so dass er permanent darauf herumhackte:

Selten eine so schlechte Berichterstattung gelesen. Das kann jede Modebloggerin aus der dritten Reihe besser. Verfehlt!

Wen interessiert das noch? Und warum bläst du das Bild gleich zwei Mal über Twitter und über Facebook raus? Das ist zu viel.

Er fühlte sich berufen, mir die in seinen Augen miese Qualität meiner Arbeit dauernd vor Augen zu führen. All die Nachrichten zu meinem schlechten Job als DJ und den schlechten Berichten auf *Stil in Berlin* stammen von einem einzigen Tag. Und es wurden täglich mehr.

Ende Januar flog ich für drei Wochen nach Hawaii für einen Werbefilm. Ich war ziemlich aufgeregt und packte meinen Koffer mit allerlei bunten Sachen – einem grellgelben Kleid, knallroten Shorts und neongrünen Sneakers. Von diesem Durcheinander machte ich ein Bild und stellte es auf Instagram, um meine Vorfreude zu teilen. Im Taxi auf dem Weg zum Flughafen bekam ich dann eine SMS: *Hallo Mary, ich wünsche dir eine schöne Reise und interessante Zeiten. Komm gesund wieder! LG:-)*

Die Nummer, von der die Nachricht kam, kannte ich nicht. Und weder klang das Geschriebene nach einem meiner Freunde oder nach meiner Mutter – ich wusste nicht, was ich damit anfangen sollte. Aber zu antworten und nachzufragen, traute ich mich nicht, denn mich erfasste sofort wieder so ein übles Gefühl.

Am nächsten Tag kam eine weitere Nachricht von derselben Nummer: *Gute Nacht Mary! Viel Spass beim Surfen und schöne Träume. LG;-)*

Ich wurde unsicher, waren das harmlose SMS eines Bekannten, der dachte, ich hätte diese Nummer? Aber das musste jemand sein, der mir nahesteht, wieso würde er mir sonst zwei Nachrichten innerhalb kurzer Zeit schicken, ohne dass ich antwortete? Das konnte nur Z. sein.

Einen Tag später kam die SMS: *Aloha Mary! Ich wünsche dir so viel Sonne wie möglich!:-)*

»As Sun As Possible« war der Titel des Projekts von Volkswagen, weswegen ich auf O'ahu, Hawaii, war. Ich hatte darum kein großes Aufhebens gemacht, zwar wussten meine Freunde und Familie davon, aber die würden ja keine SMS von unbekannten Nummern schicken. Von meiner Reise konnte ansonsten nur jemand wissen, der viel Zeit damit verbrachte, meine Spuren im Netz zu verfolgen. Die zuständige Werbeagentur hatte auf der eigens dafür eingerichteten Website schon ein Video und ein paar Infos veröffentlicht.

Ich musste mir zum Glück keine weiteren Gedanken über diese merkwürdigen Nachrichten machen, denn kurz darauf tauschte ich meine SIM-Karte gegen eine amerikanische und war für den Rest der Reise auf meiner deutschen Nummer nicht mehr erreichbar.

Allerdings sah ich kurz nach meiner Ankunft auf Hawaii ein neues Twitter-Konto, das Z.s Handschrift trug – schon der erste Tweet beleidigte mich und meine Arbeit. Es nannte sich *LehMatz*, eine Anspielung auf den Namen des damals größten Modeblogs *Les Mads*. Z. hatte sich immer gern über den Blog und seinen Namen lustig gemacht, er nannte sie »die Matzen«.

Nach dem Debakel mit *wasbloggertun* und der endlosen Schleife an Varianten, blockierte ich *LehMatz* nun nicht mehr. Was brachte mir das Ignorieren oder Blockieren schon? Z. verlor offensichtlich nicht die Lust, nur weil ich eines seiner Twitter-Konten sperrte. Jetzt wusste ich wenigstens, aus welcher Ecke die Attacken kamen, anstatt wieder auf neue Konten warten zu müssen. So war es leichter, ihn zu beobachten – ich konnte alle zwei oder drei Tage Fotos der Tweets machen und hatte damit den Großteil der Twitter-Angriffe festgehalten. Zumindest ein kleiner Teil des Ganzen war so unter irgendeiner Art von Kontrolle, fand ich.

Mittlerweile ging es Z. nicht mehr darum, ein Publikum zu erreichen – er abonnierte keine anderen Konten mehr und hatte keine Abonnenten –, ich aber sollte alles lesen, was er auf *LehMatz* schrieb. Deswegen favorisierte, retweetete und beantwortete er viele meiner Twitter-Nachrichten, damit ich jedes Mal eine Meldung bekam. Seine Aktivitäten nahmen zu, diese Tweets schickte er mir zum Beispiel an einem einzigen Tag, dem 1. Februar:

Sesamöl ist das Beste, wo gibt.

Modebloggen wie 2006 – zurück zum Streetstyle. (Ist ja auch noch schneller gemacht als ein schlechter Text.)

Oh, noch gar kein Streetstyle auf Stil in Berlin heute.

Wasted German Marketing Budget #sovielsonnewiemöglich #stilinberlin

Es gibt einen Urlaubsvertreter, der es besser kann als Mutti. Warum übernimmt Flori nicht?

Wer bin ich? (Angehängt hatte er ein Bild von mir.)
Ronald Zehrfeld? Just asking. #fernsehen
Langweiliger Spam-Content. Ich bedaure das Land Niedersachsen, das ja großer Aktionär bei VW ist und deinen Urlaub bezahlen muss.
Hast du mal probiert, dir die Beine zu rasieren? Kommt gerade in den USA besser an?
So ging es die folgenden Tage weiter, entweder verfasste er belehrende Beleidigungen:
Guten Morgen! Schon mal über Absaugen nachgedacht?
Und: *Ein Dirndl würde dir bestimmt auch nicht so gut stehen, oder?*
Oder er twitterte blöde Belanglosigkeiten: *Enjoy the green juice!*
Und: *You're my favorite streetstyle photographer!*
Und: *Beware of sharks!*
Und, und, und ...
Er konnte nicht aufhören.
Drei Wochen später kam der Tag meiner Rückreise und damit der Zeitpunkt, an dem ich die amerikanische wieder gegen die deutsche Sim-Karte austauschen musste. Ich ahnte Böses, wer weiß, wie viele unheimliche SMS in der Zwischenzeit gekommen waren.
Es war nur eine: *Handy ist geklaut. Ist die Nummer richtig? Komm ich aus dem Urlaub, ist mein Türschloss mit Sekundenkleber dichtgemacht. So eine Scheisse!!!*
Erst war ich nur verwirrt, aber bald, obwohl ich es nicht wollte, schlug mir das Herz bis zum Hals. War das ein Witz? Kam das von Z.? Wollte er mich wirklich zu einer Antwort provozieren? Oder war es eine Drohung? War er mittlerweile in Berlin gewesen und um meine Wohnung geschlichen? Hatte er *mein Türschloss mit Sekundenkleber dichtgemacht*? Oder war gleich in die Wohnung eingebrochen? Hatte sich in mein Bett gelegt? Alles verwüstet? Oder das Haus abgefackelt? Oder wartete er sogar drinnen auf mich?
Allesamt ziemlich irre Gedanken, die ich da hatte. Als ich zu

Hause ankam, war es lediglich mein Briefkasten, den er terrorisiert hatte. Er quoll über mit Post von Touristenbüros, Pharmafirmen, politischen Parteien und religiösen Vereinigungen. Dazu kam jede Menge Informationsmaterial für Schwangere – zu Nabelschnurblutdepots, Schwangerschaftsvitaminen oder Stammzellen. Ich schmiss alles in den Müll.

Als ich bei einigen der Absender nachfragte, woher sie meine Adresse hatten, fand ich heraus, dass Z. sich mittlerweile eine Mailadresse in meinem Namen angelegt hatte – *maryscherpe@ live.com*, die er für alle Bestellungen nutzte. (In einem Ratgeber zum Thema Stalking, der einige Jahre, aber kein Jahrzehnt alt ist, fand ich einmal den Tipp, bei allen kostenlosen Mailanbietern den eigenen Namen zu reservieren, um sich gegen Missbrauch zu schützen. Bei der heutigen Menge an Anbietern und der unzähligen Schreibweisen mit Punkten oder Bindestrichen scheint dieser Ratschlag beinah lächerlich. Allerdings steht er sinnbildlich für die Hilflosigkeit der »klassischen« Stalker-Beratungen im Fall von Online-Angriffen.)

Außerdem erfuhr ich, dass er die E-Mail-Adresse nicht nur als Kontaktadresse angab, sondern wirklich in meinem Namen kommunizierte. Als eines der Pharmaunternehmen die bestellte Post zurückerhielt, informierten sie ihn per Mail, und er antwortete:

Hallo Frau L,
danke für Ihre Mail. Ich bin gerade auf Reisen; vermutlich ist mein kleiner Briefkasten wieder einmal überfüllt. Könnten Sie mir die Unterlagen bitte in einer Woche noch einmal zuschicken? Das wäre toll.
Vielen Dank,
Mary Scherpe

Er schaffte es immer noch, mich zu überraschen. Völlig verdattert schaute ich auf die Mail, die mir Frau L. auf meine Nachfrage weitergeleitet hatte – hatte er wirklich mit völliger Selbstverständlichkeit und fröhlichem Ton eine E-Mail in meinem Namen geschrieben?

Wie viel Zeit investierte er mittlerweile in das Stalking? Nicht nur, dass er ständig neue Angebote im Netz raussuchen und Material bestellen musste, er musste jedes Mal Formulare ausfüllen und Nachfragen beantworten. Vielleicht machte ihm das aber einfach richtig gute Laune?

Ob er das wohl zu einer bestimmten Uhrzeit erledigte? Schrieb er die Bestellungen immer sonntags zwischen *Weltspiegel* und *Tatort*? Oder machte er das einfach den ganzen Tag? War das inzwischen zu seinem »Job« geworden? War meine Belästigung alles, was er mit seinem Tag anzufangen wusste?!

Wie viel Befriedigung gab ihm das Eintragen meines Namens bei einer Bestellung? Und wie lange hielt dieses gute Gefühl an? Musste er vielleicht immer mehr Nachrichten in immer kürzeren Abständen abschicken, um seinen Triumph über mich zu spüren? Wo würde das alles hinführen?

Trotz meiner schlechten Erfahrungen mit den Hilfediensten von Social-Media-Seiten, wollte ich in dem Fall der Mailadresse noch einmal mein Glück versuchen. Laut meinen Recherchen gab es weltweit niemanden, der meinen vollen Namen teilte und im Internet unterwegs war – meine einzige Namensvetterin, die ich überhaupt finden konnte, war eine Schülerin der Clark School in St. Louis, Missouri aus dem Jahr 1868. Ich nahm an, ich sei die Einzige, die derzeit eine Mailadresse mit diesem Namen besitzen sollte. Handelte es sich bei so etwas nicht gar um Urkundenfälschung? Ich wandte mich an den Anbieter der Adresse unter *abuse@live.com*. Der E-Mail-Dienst gehörte zu Microsoft, dort würde es doch eine fähige Abteilung für die Behandlung von Missbrauchsfällen geben.

Ich erhielt auf meine zahlreichen Beschwerdemails an diese Adresse nie eine Antwort – bis heute nicht. Auf den Webseiten von live.com las ich lediglich wieder die Empfehlung, mich an eine »lokale Behörde« zu wenden. Auch dieser Versuch, seine Angriffe einzudämmen, scheiterte.

Neben dem ganzen Spam fand ich Ende Februar in meinem Briefkasten Post von der Amtsanwaltschaft – meine Anzeige vom Juni wurde eingestellt. Als Begründung dafür stand dort, dass »der Nachweis eines Vergehens gemäß § 238 Strafgesetzbuch

(...) nach dem Ergebnis der Ermittlung nicht geführt werden« kann. Denn »die lediglich als Belästigungen zu wertenden Kontaktaufnahmen des Beschuldigten genügen (den) Anforderungen nicht«.

Wieder einmal war ich fassungslos. Nicht nur über die Einstellung des Verfahrens, auch über die Formulierung – der Amtsanwalt war der Meinung, es handelte sich hier »lediglich um Belästigung«. Und die müsse man wohl abkönnen.

§ 238 des Strafgesetzbuches ist der Paragraf zur Nachstellung, der am 31. 03. 2007 eingeführt wurde. Darin heißt es, »wer einem Menschen unbefugt nachstellt, indem er beharrlich seine räumliche Nähe aufsucht, unter Verwendung von Telekommunikationsmitteln oder sonstigen Mitteln der Kommunikation oder über Dritte Kontakt zu ihm herzustellen versucht, unter missbräuchlicher Verwendung von dessen personenbezogenen Daten Bestellungen von Waren oder Dienstleistungen für ihn aufgibt oder Dritte veranlasst, mit diesem Kontakt aufzunehmen, ihn mit der Verletzung von Leben, körperlicher Unversehrtheit, Gesundheit oder Freiheit seiner selbst oder einer ihm nahe stehenden Person bedroht oder eine andere vergleichbare Handlung vornimmt und dadurch seine Lebensgestaltung schwerwiegend beeinträchtigt, wird mit Freiheitsstrafe bis zu drei Jahren oder mit Geldstrafe bestraft.«

War es nicht genau das, was mir passierte? Fiel das, was Z. jeden Tag tat, nicht genau unter diese Beschreibung?

Die Anerkennung von Stalking oder Nachstellung, wie es auf justizdeutsch genannt wird, als Straftat dauerte in Deutschland vergleichsweise lang. In den USA gibt es seit 1990 Gesetze gegen Stalking, in der Schweiz jedoch stellt es bis heute keinen eigenen Straftatbestand dar. In Deutschland beschloss die Politik den Paragrafen erst deshalb verhältnismäßig spät, weil einige an der Diskussion Beteiligte argumentierten, dass die bei Nachstellung typischen Verhaltensweisen wie Bedrohung, Hausfriedensbruch, Beleidigung und Sachbeschädigung bereits ausreichend durch andere Paragrafen abgedeckt wären. Dass die vielen Einzelakte, die sich zu »unbefugter Nachstellung« summieren, für sich genommen nicht strafbar waren, wurde in dieser Argumentation vergessen. In der Diskussion tauchte das Argument auf, die Grenze zwischen akzeptablem Werben eines Verflossenen und einer Straftat würde aufgeweicht, und nun könnte jeder wegen zwei SMS zu viel belangt werden. Es gab sogar Journalisten, welche die Pressefreiheit in Gefahr sahen und befürchteten, wegen drei drängender Nachfragen zukünftig angezeigt werden zu können.

Diese Argumente können nur von jenen gekommen sein, die nie Opfer waren oder Opfer kannten. Natürlich gibt es bei Stalking das so genannte »Falsche Opfersyndrom« – Menschen, die lediglich vorgeben gestalkt zu werden. (Statistisch gesehen machen diese Fälle einen verschwindend geringen Anteil aus.) Aber nur, weil es ein paar wenige gibt, die aus den unterschiedlichsten Gründen einen Missbrauch vortäuschen, können doch die vielen tatsächlichen Opfer nicht ohne Handhabe bleiben. Interessanterweise machen sich Stalker selbst gern zum falschen Opfer und behaupten, sie würden von der Person, die sie anzeigt, belästigt werden.

Beim Lesen des Einstellungsbescheids traten mir die Tränen in die Augen, irgendwie hatte ich doch auf die Hilfe der Polizei gehofft. So sollte es eigentlich sein – es geschieht Unrecht, also zeigt man dieses an, und die Polizei tut alles, um die Sache aufzuklären. Wieso passierte das in meinem Fall nicht? Wieso sagte man mir, ich müsste mit der Belästigung leben? Selten in meinem Leben fühlte ich mich so hilflos.

Dabei war Stalking doch kein neues Problem, mit dem man nicht umzugehen wusste. Was war denn mit dem Klischee des mittelalterlichen Minnesängers, der so lange vor dem Fenster seiner Angebeteten plärrte, bis diese ihn erhörte oder so genervt war, dass sie aufgab? Würde man das heute zuweilen nicht als Stalking bezeichnen?

»Stalking« als Bezeichnung für Nachstellung verwendet man erst seit den 1980er Jahren – vorher kam das Wort nur in der Jagdsprache im Sinne von »sich anpirschen« vor. Es kam jedoch zu einigen Vorfällen, die es nötig machten, für diese Art der Belästigung einen neuen Begriff zu finden – 1981 versuchte John

Hinckley den Präsidenten Reagan zu ermorden, um Jodie Foster zu imponieren, für die er seit ihrem Auftritt in *Taxi Driver* 1976 eine Obsession entwickelt hatte. Und 1989 erschoss der 16-jährige Roberto Bardo die 18-jährige Schauspielerin Rebecca Schaeffer an ihrer Haustür. Er hatte ihr vorher glühende Liebesbriefe geschickt, deren Ton sich änderte, nachdem er sie in einem Film in einer Liebesszene mit einem anderen Mann gesehen hatte. Dieser Fall und der von vier Frauen, die in Kalifornien von Expartnern zunächst verfolgt und dann ermordet wurden, initiierten eine Debatte und schließlich die Einführung von Anti-Stalking-Gesetzen, zunächst in Kalifornien und kurz darauf in den ganzen USA.

Das Phänomen an sich ist nicht neu, allerdings scheint es sich auszubreiten, und zwar nicht nur deshalb, weil man dafür nun einen Begriff gefunden hat. Psychologen, die sich mit Stalking auseinandersetzen, sehen die Gründe dafür in den seltener werdenden engen Familienbindungen und der Entwicklung neuer Kommunikationsmöglichkeiten. Während früher die Familie bei emotionalen Miseren bereitstand, fehlt dieses Rettungsnetz heute häufig. Und offensichtlich ist es heute weit weniger aufwendig, mit jemandem Kontakt aufzunehmen, selbst wenn dieser nicht in derselben Stadt wohnt. Auch die zunehmende Selbstbestimmung und ökonomische Unabhängigkeit der Frau spielt eine Rolle, Trennungen sind einfacher und schneller möglich. Interessanterweise lassen diese Erklärungsversuche die männlichen Opfer außer Acht, aber Studien zeigen, dass auf der Opferseite zum Großteil Frauen stehen, während die Täter hauptsächlich Männer sind.

Doch nicht nur deshalb sind die Fallzahlen heute höher, es muss ein Bewusstseinswechsel stattgefunden haben. Was früher als akzeptabel oder gar ertragbar galt, wird heute (zu Recht) als Unrecht angesehen. Dank zunehmender Aufklärung gelingt es Frauen heute weit häufiger als früher, Gewalt gegen sie zu erkennen und im besten Falle diese erfolgreich zur Anzeige zu bringen.

Immer noch ist es problematisch, dass der unerlässlich werbende Mann, der sich von einem »einfachen Nein« nicht abbringen lässt, an sich als ein romantisches Ideal gilt. Der Mythos, dass ein Mann um seine Auserwählte kämpfen und ohne Rücksicht auf Verluste wiederholt seine Liebe beweisen muss, macht die Grenzziehung zwischen schwärmerischem Werben und belästigender Schikane nicht gerade einfach. Es wird zwar von Generation zu Generation blasser, aber dennoch ist das Bild des von der Anmut der Frau wie verzauberten Mannes, der seine Liebe gegen alle Widerstände durchsetzen will, durchaus ein Wunschbild. So konnte sich die Mutter meiner Freundin Christiane eben gar nicht vorstellen, dass ihre Tochter die Nachstellungen des Exfreundes nicht etwa schmeichelhaft, sondern fürchterlich bedrohlich fand.

Viele Stalkingopfer, auch ich, begreifen erst spät, dass die Grenzen überschritten wurden und es sich schon lang nicht mehr um Verhalten handelt, das sich mit vorübergehendem Liebeskummer als »Kavaliersdelikt« entschuldigen ließe.

In zahlreichen Romanen, Filmen und Liedern wird verzweifelte Liebe schließlich als Ideal beschrieben. So singt Sting mit seiner Band *The Police* in seinem berühmten Song:

»*Every breath you take and every move you make, every bond you break, every step you take, I'll be watching you. Every single day and every word you say, every game you play, every night you stay, I'll be watchin' you. Oh, can't you see, You belong to me, How my poor heart aches, With every step you take.*«

Oder Radiohead in dem Song *Creep*:

»*When you were here before, Couldn't look you in the eye, You're just like an angel, Your skin makes me cry, You float like a feather, In a beautiful world, I wish I was special, You're so fucking special, But I'm a creep, I'm a weirdo, What the hell am I doing here? I don't belong here.*«

Oder Morrissey:

»*The more you ignore me, The closer I get, You're wasting your time, The more you ignore me, The closer I get, You're wasting your time.*« Und so weiter ...

Wer denkt bei diesen Liedern schon an gruselige Stalker und

nicht an verzweifelt Verliebte? Ich konnte diesen Liedern mittlerweile gar nichts mehr abgewinnen. Auch romantische Liebeskomödien, in denen der abgewiesene Lover der Frau hinterherreist und sie so lang umgarnt, bis sie erkennt, dass sie ihn liebt, lösen bei mir heute leichten Würgereiz aus.

In Deutschland hat vor allem der Psychologe Jens Hoffmann wissenschaftliche Bücher zum Thema Stalking verfasst – leider liegt das Erscheinungsjahr seines letzten Buchs *Stalking* bereits neun Jahre zurück, es erschien, bevor es ein deutsches Gesetz gegen Nachstellung gab. Dennoch half und hilft es mir, einige Vorfälle besser einschätzen zu können. Hoffmann definiert Stalking als »einseitiges Kontaktbestreben«. Ein Stalker will den Kontakt zu einer Person gegen deren Willen erzwingen. In der Kürze dieser ganz eng gefassten Definition steckt, dass es bei Stalking weder ein spezielles Motiv oder eine eindeutige Ursache noch ein spezifisches Verhalten geben muss. Stalker handeln aus ganz verschiedenen Motiven ganz unterschiedlich. So gibt es Täter, die sich ihre ihnen völlig fremden Opfer anscheinend spontan aussuchen. Oder sie gehen aufgrund eines Rachemotivs gegen einen ehemaligen Chef vor, oder sie suchen sich einen Prominenten als Opfer ihres erotomanen Liebeswahns. Jedoch betont Hoffmann, was die bisher erhobenen Statistiken eindeutig belegen – obwohl jede denkbare Konstellation vorkommt, ist es (mit Abstand!) am häufigsten so, dass eine Frau von ihrem Expartner gestalkt wird.

Die polizeiliche Kriminalstatistik für Deutschland, online öffentlich einsehbar, verzeichnete für 2012 knapp 25 000 Anzeigen wegen Stalkings. In über 21 000 davon wurde ein Täter ermittelt, aber nur bei einem Bruchteil dieser Fälle kam es zu einer Verhandlung, der Rest wurde außergerichtlich abgewickelt.

Jene, die als häusliche Gewalt eingestuft werden, aber Stalking einschließen, finden in dieser Statistik keinen Eingang. Oft wiegen andere, im Zuge der Nachstellung begangene Taten schwerer und verdrängen damit Stalking aus den Statistiken. Und schließlich sind natürlich jene nicht erfasst, bei denen es nie zur Anzeige kam.

Im März 2014 erschien eine Studie der Agentur der Europäischen Union für Grundrechte zur Gewalt gegen Frauen in Europa. Dafür wurden über 42 000 Frauen zu ihren Erfahrungen mit Gewalt befragt. Die Ergebnisse waren in allen Bereichen alarmierend: 33 Prozent der befragten Frauen sind demnach schon mindestens einmal Opfer von körperlicher und/oder sexueller Gewalt geworden. Die Studie befragte auch zu Erfahrungen mit Stalking – 18 Prozent gaben an, es bereits erlebt zu haben –, das ist jede fünfte Frau! Die EU-Studie ergab außerdem, dass bei 5 Prozent der Frauen das Stalking innerhalb der letzten 12 Monate vor der Befragung stattfand – das bedeutet, dass etwa 9 Millionen (!) Frauen in der EU derzeit von Stalking betroffen sind. Und diese Studie schließt nicht einmal die männlichen Opfer ein, die Gesamtzahl der Stalkingopfer kann weit höher sein.

Die Deutsche Stalking-Opferhilfe, eine Hilfsorganisation, die im März 2014 wegen mangelnder Spenden geschlossen werden musste, ging von einer Dunkelziffer von 600 000 bis 800 000 jährlichen Fällen allein in Deutschland aus. Diese Zahlen klingen unfassbar, erst recht wenn man bedenkt, dass nicht einmal 25 000 jährlich zur Anzeige gebracht werden.

Natürlich hatte ich zur Einstellung meines Verfahrens ein Standardschreiben erhalten, der Amtsanwalt verschickte es sicher mehrmals monatlich. Personalisiert hatte er daran wahrscheinlich nur die Vorgangsnummer und die Namen der Beteiligten. Deutschlandweit ergeht es so den meisten Anzeigen wegen Nachstellung. Ob der Amtsanwalt einen Gedanken daran verschwendete, was so eine Einstellung für den Empfänger bedeutete? Zu lesen, dass das, was mir passierte, rein rechtlich keine Straftat war, nagte sehr an meinem Selbstbewusstsein. Übertrieb ich es etwa, war ich einfach zu empfindlich? Ließen sich andere von solchen »Belästigungen« schlicht nicht aus der Bahn werfen? Mir sagte einmal ein Zahnarzt während der Behandlung, ich sei schmerzempfindlich – eine nettere Umschreibung für »Stellen Sie sich nicht so an!« –, war ich generell lediglich übersensibel?

Wieso gelang es mir denn nicht, diesen Mist einfach zu ignorieren? Wieso war ich nicht diszipliniert genug?

Z. schickte mir weiter SMS von mir unbekannten Nummern, in denen er mir weismachen wollte, der Stalker käme aus meinem Umfeld: *Süße! Kann leider heute nicht kommen, mein roter Nagellack ist leer. Wünsche dir einen supi Abend! LG:-**

Währenddessen beschimpfte er mich direkt und indirekt weiter auf dem Twitter-Konto *LehMatz*: *Wenn du in Berlin lebst, hast du ein dummes Modeblog. #stilinberlin.*

Und er sandte mir per Post Reiseunterlagen für Macau und Informationen zu Dachverglasungen zu.

So langsam hatte er sich eingerichtet – er benutzte Twitter, um mich zu beleidigen, SMS, um mir Nähe vorzugaukeln, und Briefpost, in denen er seine Vorstellungen von (gemeinsamen?) Reisen, Hausbau und Familiengründung ausleben konnte.

Im März 2013 erreichte mich die erste SMS mit meiner eigenen Nummer als Absender: *Na, wie geht es dir?*, schrieb er mir an einem Samstagabend kurz vor 21 Uhr. Zwar kamen die bisherigen SMS von wechselnden Nummern, aber ich hatte mir nie zu viele Gedanken darüber gemacht – vielleicht verwendete er dafür unterschiedliche Prepaid-Sim-Karten? Drei Stunden später las ich auf meinem Telefon: *Spielst du samstagabends auch immer so gern Candy Crush auf Facebook? Macht total viel Spaß oder?*

Ich hatte in der Tat kurz zuvor ein Browserspiel auf Facebook gespielt, das wahrscheinlich irgendwo einen Eintrag hinterlassen hatte. Die meisten Leute interessierte das nicht, aber er, der mich jede Minute beobachtete, schickte mir mit diebischer Freude eine SMS, um mich das wissen zu lassen. Aber wieso mit meiner eigenen Nummer als Absender?

Ich googelte: »SMS von falscher Nummer« und staunte nicht schlecht, als ich sah, wie einfach es ist, den Absender einer SMS zu fälschen. Zig Portale bieten das an. Sie nennen sich fakemysms.com und smsfaken.com, sogar Handy-Apps gab es. Bitte was!? Ich konnte nicht glauben, was ich da sah. Wofür soll das gut sein, fragte ich mich. Wer, wenn nicht jemand mit bösen Absichten, sollte so einen Dienst brauchen? Die Webseiten machten aber gar nicht den Eindruck, als richteten sie sich an Kriminelle. Der »App-Experte« Marian Kersten bezeichnete solche Anwendungen auf der Webseite von *Chip-Online* als »Fun-App«, »mit der Sie es aber nicht übertreiben sollten«. Und beschreibt als Anwendungsbeispiel die Situation, dass »Sie Ihr Chef unerwartet zu einem Meeting bestellen soll oder Sie Ihren Freund überzeugen möchten, dass er das Treffen abgesagt hat«. Ich verstand nicht, was ich da las. Auch konnte ich mir einfach keine Situation vorstellen, in der man aus Spaß den Absender einer SMS verschleiern wollte.

Die Seite fakemysms.com warb in einem Video damit, dass man mit diesen gefälschten SMS einem schüchternen Freund aushelfen könne, indem man sozusagen in seinem Namen dem begehrten Mädchen gesteht, dass der andere sich in sie verliebt hat. Was zur Hölle?! Diese Idee klang wie aus einem Drehbuch einer sehr schlechten Seifenoper. In der Selbstbeschreibung von fakemysms.com las ich zu meinem erneuten Erstaunen, dass es den Machern der Seite doch eher darum ging »auf Missstände im SMS-Versand aufmerksam zu machen«. Selten hatte ich so eine verdrehte Argumentation gesehen. Auch E-Mail-Absender kann man mit Hilfe ähnlicher Portale fälschen. Ich konnte es nicht fassen – das sollte legal sein? Ist das nicht Unterschriftenfälschung?

Diese Angebote bewegen sich definitiv irgendwo in der Grauzone zwischen legal und illegal. Während es vielleicht nicht offiziell strafrechtlich relevant ist, ist es zumindest keine gesellschaftlich akzeptierte Praxis. Oder musste ich jetzt bei jeder SMS zweifeln, von wem sie kam? Zwar wiesen alle Anbieter in ihren Bestimmung darauf hin, dass man den Dienst nicht missbrauchen sollte, aber aus welchem Grund, wenn nicht Missbrauch, sollte man einen solchen Dienst überhaupt in Anspruch nehmen?

Natürlich hatte ich darüber nachgedacht, meine Telefonnummer zu ändern. Ich hatte aber seit Jahren die gleiche Nummer und nutzte sie nicht nur privat, sondern für alle geschäftlichen Belange. Es wäre geschäftsschädigend, sie zu ändern. Allein wegen meines Berufs könnte ich keine geheime Nummer haben, ich würde auch die neue Nummer mitteilen müssen. Und hieße das nicht, Z.s Bedrängung nachzugeben? Hatte er damit nicht eine Art Sieg über mich errungen?

Nein, die Genugtuung, mir richtig viel Arbeit gemacht zu haben, das Gefühl, ich hätte klein beigegeben, würde ich ihm nicht gönnen, ich würde die Nummer behalten.

Langweiliger Mist

Der 6. März 2013 war einer dieser wunderbaren frühen Frühlingstage nach einem Winter, der viel zu lang gedauert hatte. Die Sonne schien und wärmte die Luft auf weit über fünf Grad. Die Vögel zwitscherten, und mich ergriff ein fröhliches Frühlingsgefühl, solange ich denken kann, war das meine liebste Jahreszeit. Aber in dieses Hochgefühl mischte sich ein wenig Nervosität.

Ich war an diesem Mittwoch auf dem Weg nach Hamburg, um meinen Freund Felix zu besuchen, ich war ewig nicht mehr da gewesen, obwohl es von Berlin nur knapp zwei Stunden mit dem Zug entfernt ist. Von Z.s Instagram-Konto wusste ich allerdings, dass er sich dort herumtrieb, seine Eltern wohnten nicht weit entfernt – ständig zeigte er Bilder seines morgendlichen Kaffees mit Franzbrötchen, alter Autos in Hamburger Seitenstraßen oder kitschiger Sonnenuntergänge über der Elbe.

Als ich in Hamburg ankam, vermied ich es, irgendwo verlauten zu lassen, dass ich in der Stadt war. Zwar stellte ich Bilder auf Instagram – auf denen war aber kein bestimmter Ort zu erkennen. Das hatte den simplen Grund, dass ich erst mal vermeiden wollte, dass Z. davon erfuhr. Auch wenn ich es nicht wollte, gehörte es für mich inzwischen mehr oder weniger dazu, die Reaktionen des Stalkers bei meinem Handeln einzukalkulieren – ich erwischte mich immer wieder dabei, wie ich mir seine Antwort auf das, was ich gerade im Netz veröffentlichen wollte, vorstellte – erst vor wenigen Tagen hatte ich eine seltsame Kinderpuppe auf dem Flohmarkt gefunden und fotografiert. Als ich das Bild auf Instagram lud und mit der Bildunterschrift *creepy doll* versah, wusste ich gleich, was als Antwort kommen würde. Und ich hatte Recht: *Als creepy doll könntest du auch jederzeit an-*

fangen, postete er wenige Minuten später auf dem Twitter-Konto von *LehMatz* und setzte dazu den Link zu einem Foto von mir. Kein Wunder, dass bereits ein paar meiner Bilder und Tweets einer Selbst-Zensur zum Opfer gefallen waren, weil ich keine Lust auf seine Reaktion hatte.

Diesen Einfluss spürte ich auch in Hamburg, aber sollte mir das nicht egal sein? Schließlich wollte ich mich doch nicht unterkriegen lassen! Spätnachts lud ich nach einem Essen mit Freunden ein Bild unserer leeren Teller auf Instagram und nannte meinen Begleiter, Felix, sowie den Namen des Restaurants. Stunden später, gegen halb acht morgens am nächsten Tag, schrieb mir Z.: *Als Mann könnte ich so eine Nacht mit dir auch nur ertragen wenn ich schwul wäre. Oder ich würde es danach werden. (Sag mein Freund auch immer.)*

Ich meinte, eine eindeutige Verschlechterung seiner Laune darin erkennen zu können – dieser Versuch einer Beleidigung war wirklich miserabel. Außerdem hatte die Nachricht einige Fehler, sonderlich durchdacht war der kurze Text ohnehin nicht – die Implikation im Nachsatz, dass die »Absenderin« dieser Texte mit ihrem Freund über mich diskutieren würde, klang beinah verzweifelt. Vielleicht hatte es ihn nervös gemacht, mich in seiner Stadt zu wissen? Fühlte er sich von meiner Anwesenheit etwa bedroht und griff deshalb zu derart kläglichen Mitteln? Schrieb er diese Nachricht vielleicht mit zittrigen Fingern, nachdem er mit Schock feststellen musste, dass ich in Hamburg war? Hatte er sich erschrocken, als er sah, dass ich bereits einen Tag da war und er es nicht gewusst hatte? Und womöglich hoffte er jetzt, dass mich diese Nachricht so erschütterte, dass ich sofort nach Hause fuhr und mich weinend im Bett versteckte? War seine Angst, mir zu begegnen, so groß?

Grund zur Furcht sollte er haben: Zigmal hatte ich mir schon vorgestellt, wie es wäre, ihm zu begegnen. Im Zug nach Hamburg lief in meinem Kopf in Endlosschleife ein Film ab: Ich sehe Z. zufällig auf der Straße, steuere ihn direkt an und haue ihm voll eine rein. Wortlos hämmere ich ihm meine rechten Faust brutalst ins Gesicht. Kurz vorher blitzt Überraschung in seinen Augen auf, gefolgt von Angst. Der Moment des Schlags läuft dann in Zeitlupe ab: Meine geballte Faust – dreimal so groß wie in Wirklichkeit – kracht auf seine linke Wange, sein Kiefer verschiebt sich entgegengesetzt, sein schwabbeliges Gesicht wabert durcheinander, die Brille schleudert von seiner Nase und zersplittert auf dem Asphalt – vielleicht fliegt sogar ein blutiger Zahn hinterher. Z. greift mit den Händen an die Wange und fängt an zu heulen, fällt auf die Knie und heult und heult. Schließlich rappelt er sich zitternd auf und hastet davon.

So das Szenario in meiner Vorstellung – genau das hätte er verdient für all die Beleidigungen, die Post, die Anrufe, die Schikane, die Zeit, die Grübeleien und Sorgen, die er mich kostete.

Der Gedanke gefiel mir derart gut, dass ich mir beinahe wünschte, ihm über den Weg zu laufen. Um ihm endlich zu begegnen, ohne dass er die Chance hätte, sich hinter gefälschten Nummern oder anonymen TOR-Servern feige zu verstecken. Er müsste mir in die Augen sehen, ganz kurz bevor ich ihm mit dieser riesigen Pranke das teigige Gesicht zermalme.

Es war nicht das erste Mal, dass ich derartige Rachefantasien hatte. Besonderen Gefallen fand ich an einer Idee, die mir Carl einmal nahelegte. Er wollte einen Mann mit beeindruckender körperlicher Statur auf ihn ansetzen. Nicht etwa, um ihn zu verprügeln, nein, das wäre zu einfach und darüber hinaus strafbar. Viel perfider: Der Hüne würde lediglich in dem Café auftauchen, in dem Z. seinen Cappuccino trank – das ließe sich leicht herausfinden, schließlich dokumentierte er seine morgendliche Routine tagtäglich peinlich genau auf Instagram. Breitschultrig würde sich der Koloss an Z.s Tisch setzen und fragen: »Na Z., wie ist der Kaffee?« Wenn Z. daraufhin ginge, würde der Fremde einfach mitkommen, wortlos neben ihm herlaufen, ihn den ganzen Tag lang begleiten, egal wohin. Nachts würde er vor seinem Haus warten, bis er am nächsten Tag wieder herauskommt. Dann würde ihn der Riese mit einem »Guten Morgen, Z.« begrüßen und wieder den ganzen Tag begleiten. Ohne etwas zu tun, er wäre nur präsent. Die Vorstellung, ihn damit in regelrechte Panik zu versetzen, machte mich reichlich schadenfroh.

Zwischendurch hatte ich mal die Idee, zwei Halbstarken 100 Euro in die Hand zu drücken, damit sie Z.s iPhone und Laptop klauten. Nicht nur, weil er mir ohne diese technischen Geräte weniger zusetzen könnte – und er nicht das Geld hatte, beides sofort zu ersetzen –, sondern, weil ich darin natürlich einiges an Beweisen vermutete.

Aber einen Schlägertrupp, der ihm »den Verstand wieder einprügelte«, wie es mir viele männliche Freunde vorschlugen, habe ich nie wirklich in Betracht gezogen. Ich hatte gemeinere Ideen – zum Beispiel seine Eltern zu stalken. Ihn selbst würde Stalking wahrscheinlich kaum kümmern, er würde außerdem sofort wissen, dass ich dahintersteckte. Aber die Beziehung zu seinen Eltern war ohnehin schwierig, seine Mutter hatte Z. einmal beschuldigt, mit seinen finanziellen Eskapaden die Familie ruiniert zu haben. Er war aber auf sie angewiesen, da er keine eigene Wohnung hatte.

Umgesetzt hätte und habe ich keine von diesen Fantasien, auf keinen Fall wollte ich Z.s Widerlichkeit duplizieren. Und wahrscheinlich hat meine christlich-protestantische Erziehung früh für die Überzeugung gesorgt, dass Gewalt nur Gegengewalt erzeugt. Aber eigentlich fehlte mir für die reale Ausführung gemeinhin der Mut. Nur wer weiß, vielleicht werden die Fantasien mir irgendwann doch nützlich sein.

Trotz meiner mit Freude auf dem Weg nach Hamburg erdachten Gewaltszenarios war ich in der Stadt zuweilen übertrieben nervös. Ehrlich gesagt, war ich mir in Wirklichkeit überhaupt nicht sicher, wie ich reagierte, würde ich ihm begegnen. Ob ich tatsächlich den Mut hätte, ihm eine reinzudonnern? Ich hatte noch nie jemanden geschlagen: Hätte ich denn genügend Kraft in den Armen? Dass ich nicht mal einen Klimmzug zu Stande brachte, sprach eindeutig dagegen. Würde ich bei einer Begegnung vielleicht vor Aufregung und Wut so sehr zittern, dass ich meine schwachen Muskeln sowieso nicht mehr unter Kontrolle hätte?

Diese Fragen musste ich mir nie beantworten, denn ich traf ihn nicht. Über Instagram erfuhr ich später, dass er sich in den

Submitted on 2013/03/09 at 00:38	Art in Berlin: Boros
Von Kunst hast aber auch überhaupt keine Ahnung	Collection
auch wenn du mal ein paar Semester Kunstgeschichte	4 View Post
studiert hast. Jeder Laie (siehe Castor und Pollux) hat da	
ja mehr Sachverstand als du. (Deswegen machst du wohl	
auch lieber ein Paar lausige Fotos als einen klugen Text zu	
schreiben. So einen haben wir hier von dir auch noch nie	
gelsen. Schade.)	
Submitted on 2013/03/09 at 00:14	Shop in Berlin:
Welches Printmagazin wird mal dieses Blog ersetzen?	Schwarzhogerzeil II
	1 View Post
Submitted on 2013/03/08 at 23:28	Shop in Berlin:
Warum machst du kein tolles Modeblog? Nimm dir ein	Schwarzhogerzeil II
Beispiel an Iris. Oder vielleicht doch besser an Daniel.	1 View Post
Submitted on 2013/03/08 at 23:27	Shop in Berlin:
Hast du schon Level 9 erreicht oder spielst du nur	Schwarzhogerzeil II
sonnabends?	1 View Post
Approve	Reply	Quick Edit	Edit	History	Spam	Trash	

Norden Hamburgs, zu seinen Eltern verzogen hatte. Am Tag, als ich Hamburg verließ, bekam ich anonyme SMS: *Wir haben gehört das du jetzt nach Hamburg gehst? Das freut uns.* Kurz darauf: *Vor allem für Hamburg.* Später: *Berlin wird dich nicht vermissen.* Ein weiterer Versuch, um von sich als Täter abzulenken – er wollte mir unbedingt weismachen, dass die Attacken von einer Berliner Frau bzw. einer Gruppe Berliner kam. Ich fand das hochgradig lächerlich.

Z. hatte sich mittlerweile einen weiteren Weg gesucht, mich zu schikanieren – er begann, Kommentare in meinem Blog *Stil in Berlin* zu hinterlassen. Bei seinen Hasstiraden auf Twitter konnte er sich nie sicher sein, wann und ob ich sie überhaupt las, schließlich blockierte ich das Konto nicht mehr und unternahm keinerlei Anstrengungen, es löschen zu lassen. Aber er wusste, dass ich alle eingehenden Blog-Kommentare moderierte – täglich prüfte ich, ob Kommentare abgegeben wurden, las in der Regel jeden davon, bevor ich sie öffentlich freigab oder löschte. Er hatte hier einen Kanal gefunden, bei dem er sicher sein konnte, dass mich seine Nachrichten erreichten. Die Beleidigungen, die er mir ab jetzt auf den Blog schickte, unterschieden sich nicht sonderlich von den Twitter-Nachrichten: Er beschwerte sich über den Blog im Allgemeinen, über meine Schreibweise, Fotografie und Themenauswahl im Speziellen und so fort. Am ersten Tag allein hinterließ er von 1:00 Uhr bis 18:00 Uhr neun Kommentare, am darauf folgenden Tag sechs, am nächsten sechzehn und so weiter – es sollte eine Flut werden, an jedem einzelnen Tag.

Er kommentierte unterschiedliche Beiträge, neue sowie uralte, und nutzte die Möglichkeit, in den Kommentaren so lange Texte zu verfassen, wie er wollte. Erst schrieb er: *Langweiliger Mist.* Dann formulierte er seine Kritik aus: *Hochinteressant. Und mehr gibt es über diesen Laden nicht zu berichten? Dafür muss man doch keinen ganzen Blogbeitrag machen. Ein Tweet hätte es für diese Banalität getan!*

Als Absender kopierte er jene Namen, die er bei vorigen Kommentaren gesehen hatte – damit ich nicht etwa einen Namen blockieren könnte und es damit erledigt sei –, die IP-Adressen, die jedem Kommentar zugeordnet wurden, führten ins undurchsichtige TOR-Netzwerk. Z. schrieb den ganzen Tag Kommentare, die Inhalte wiederholten sich:

Warum gibst du meine Kommentare nicht frei?
Warum gibst du denn die Kommentare nicht frei?
Zensur! Das ist ja schlimmer als im Osten. Eigentlich ein Wunder das du dich für den Abriss der Mauer an der East Side Gallery engagierst.
Warum löschst du meine Kommentare, Marianne?
Wann gibst du endlich meine Kommentare frei?
Oder auch:
Diese Wasserzeichen sind so lächerlich. Diese schlechten Fotos klaut doch wirklich niemand. Hier muss unbedingt noch ein Wasserzeichen ins Bild.
Übrigens machst du ganz tolle Wasserzeichen in die Fotos. So klaut die sicher keiner mehr.
Das Wasserzeichen ist falsch. Es muss doch stilinberlin.de heißen, oder?

Aber das mit den Wasserzeichen machst du wirklich gut. Ich bin immer sehr beeindruckt. Wie bekommst du die kleine Schrift nur noch grazil in die Ecke platziert? Hoffentlich klaut nun niemand mehr deine großartigen Fotos.

So oder so ähnlich wiederholte er es regelmäßig. Manisch.

Oft wollte er mir in den Kommentaren demonstrieren, wie wenig Informationen über mich ihm entgingen. Er stöberte ein kurzes Interview von mir in einem Videobeitrag von Arte auf und beschimpfte mich: *Warum gibt es bei Arte keine Maske? Und warum sitzt du so gebückt an deinem Schreibtisch? Solltest mal zum Orthopäden gehen. Siehst ziemlich ungesund aus.*

Dass er mit Vorliebe mein Aussehen beleidigte, kannte ich bereits. Schließlich machte er das, seit er angefangen hatte, mich zu stalken. Zu einem Beitrag über ein Berliner Modegeschäft kommentierte er: *Aber doch sicher alles zierliche Kleidergrößen und nichts für Zwei-Meter-Frauen ohne Brüste, oder?*

Acht Minuten danach: *Und die haben auch Kleider für 2-Meter-Frauen ohne Brüste?*

Dann wieder: *Du solltest es auch mal mit Make-Up probieren. Wäre sicher gut bei deiner unreinen Haut. (Dann klappt es vielleicht auch mal mit einem funny und smarten Mann.)*

Oder er schickte mir den Link zu einem Foto von mir und schrieb: *Bist du eigentlich zufrieden mit dir?*

Natürlich wusste ich, was für eine billige Masche das war – er wollte mich hier persönlich treffen und verletzen. Er hoffte, dass diese Erniedrigungen dazu führten, dass ich unsicher wurde und mich zurückzog. Damit ich den Schmerz fühlte, den er gefühlt hatte, als ich ihn verletzte. Das war natürlich völlig durchschaubar, und am Anfang lachte ich darüber. Je häufiger diese Kränkungen jedoch fielen, desto mehr plagten sie mich. Ich konnte gar nicht verhindern, dass sie mich verletzten – freilich wusste ich, dass diese Beleidigungen lächerlich und an den Haaren herbeigezogen waren, aber dennoch, auch wenn ich es ungern zugeben wollte und will, schmerzten sie.

Gleichzeitig war ich wütend, dass ich so einen Blödsinn überhaupt an mich ranließ. Aber jeden Tag in seinen Nachrichten zu lesen, was für eine hässliche und entsetzliche Versagerin ich sei, war nicht gerade erbauend. Mit der Zeit nagte das an mir.

Mir fiel ein Gespräch ein, das ich mit Z. irgendwann einmal geführt hatte. Er sagte mir – der Anlass ist mir entfallen –, dass er mich als sehr selbstbewusst und souverän empfand. Als jemanden, der nie Zweifel an sich selbst oder an dem, was er tat, hatte. Dem war nun überhaupt nicht so, und ich wunderte mich, wie er darauf kam. Ich hatte das Gefühl, dem etwas entgegnen zu müssen, und erzählte ihm, dass ich oft unsicher war, nicht wusste, was die richtige Entscheidung war, und zweifelte – vor allem an mir selbst. Er antwortete darauf, dass ich in seinen Augen einer von den Menschen sei, die mit nichts ein Problem hätten, weil ihnen aufgrund ihrer Art und ihres Aussehens vieles einfach zufiel. Er hingegen müsste sich um alles doppelt bemühen, weil er weder sonderlich gesellschaftsfähig war noch über ein Aussehen verfügte, das ihm Türen öffnete. Ich fühlte mich von dieser Erklärung auch missverstanden; nie hatte ich mich als Glückspilz begriffen, dessen Gelingen lediglich einer freundlichen Art und einem hübschen Gesicht zu verdanken war. Vielleicht hatte er es gar nicht darauf abgesehen, aber um mein Argument zu verstärken, zählte ich ihm all das auf, womit ich bei mir unzufrieden war – innerlich so wie äußerlich. Er merkte sich vieles davon – dass ich meine Haut eigentlich zu schlecht und fahl und meine Nase zu groß fand, dass ich mich besonders als Kind und Jugendliche oft zu groß und ungelenk fühlte.

War es wirklich nur Zufall, dass der Stalker jetzt genau das ansprach? Zwar mochte ich meine Nase noch nie besonders, aber ich war mir bewusst, dass sie nicht derart ungewöhnlich war, dass jeder sie als unübersehbaren Makel erkennen würde. Wer würde darauf also herumhacken, wenn nicht jemand, der wusste, dass es mich treffen könnte?

Z. kommentierte den ganzen Tag über, begann in den frühen Morgenstunden und schrieb mittags, abends und nachts weiter. Dazwischen sendete er mir SMS- und Twitter-Nachrichten. Und ich bekam jeden Tag Post. Den ganzen Tag beschäftigte Z. sich mittlerweile mit meiner Schikane, und seine Äußerungen setzten mir mehr und mehr zu. Unterstellte er meinen Beiträgen auf *Stil in Berlin* Käuflichkeit, fühlte ich oft den Drang, mich zu rechtfertigen und formulierte im Stillen Antworten.

Er fragte: *Wieviele Läden haben eigentlich bezahlt, um hier erscheinen zu dürfen?*

Ich antwortete für mich: Kein einziger.

Schön, dass du dein erstes Michael-Sontag-Stück bestellt hast. Aber musstest du auch dafür bezahlen – oder bekommst du von der Agentur sogar Geld für die Schleichwerbung?

Nein, natürlich habe ich den Mantel bezahlt. Einen Designer zu erwähnen ist doch keine Schleichwerbung!

7 Likes sind auch nicht so viel bei angeblich 85 000 visits/month, oder?

Du hast doch keine Ahnung, du neidischer Sack.

Ich wusste, dass diese Antworten Quatsch waren, aber ich wurde so sauer über seine Flut an Beleidigungen. Die Wut, die in mir hochstieg, nervte mich beinahe genauso wie sein tägliches Geseier. An wem sollte ich sie auch auslassen? Mit meinen Freunden redete ich nach über acht Monaten Stalking nur noch selten über das Problem, denn was gab es schon Neues zu berichten? Im Prinzip hatte sich nichts geändert, lediglich die Anzahl der Attacken hatte zugenommen. Wie sollte ich diese für sich genommenen Belanglosigkeiten, die erst in ihrer Flut unerträglich wurden, vermitteln? Würde es reichen, wenn ich ein oder zwei der Kommentare erwähnte? Oder müsste ich alle aufzählen, um das Ausmaß klarzumachen? Aber das hatten sie doch alles schon mal gehört ...

Ich erzählte in meinem persönlichen Umfeld nicht nur ungern davon, weil ich fürchtete zu nerven, sondern auch, weil ich in ihren Gesichtern die Hilflosigkeit meiner Situation gespiegelt sah. Was sollte man mir schon raten, was ich nicht bereits zigfach gehört hatte? Ich sah das Entsetzen und das Mitleid in ihren Augen, wenn sie mir zuhörten. Am schlimmsten war es, wenn ich es zum ersten Mal erzählte. Dann war nicht nur die Betroffenheit am größten, es gab auch die meisten hoffnungsvollen Ratschläge, die ich wiederum vorsichtig enttäuschen musste.

Und irgendwie machte das meine Stimmung oft eher schlechter als besser. Plötzlich fand ich mich in der Situation wieder, mein Gegenüber beruhigen und gleichzeitig alles aufzählen zu müssen, was ich bereits versucht und was nicht funktioniert hatte. Also spielte ich das Ganze herunter, betonte eher, wie sehr es mich nervte, als dass es mich verletzte und mir Angst machte. Ich tat so, als wäre alles halb so schlimm, weil ich meine Freunde nicht beunruhigen, ihnen keine Sorgen machen wollte.

War meine Lage wirklich so fatal wie ihre Reaktion? Unterschätzte ich die Gefahr, die von Z. ausging? Sollte ich viel mehr Angst haben? Ich war ratlos, wütend, genervt und traurig.

Am 9. März, nachmittags um drei, erreichte mich dann eine Mail von der Adresse *berlinermodekreis@live.com*, die den Betreff *Stil in Berlin und anderswo* hatte. Sie begann mit *wir sind ein informeller Kreis Berliner, Hamburger und Münchner Nachwuchs-Bloggerinnen und -PR-Beraterinnen*. Ich kannte den Stalker mittlerweile so gut, dass ich sofort wusste, dass diese Mail von Z. kam. An seinen Schreibstil war ich derart gewöhnt, dass ich ihn bereits an der ersten Zeile identifizierte. Der Inhalt klang zudem völlig an den Haaren herbeigezogen.

Was folgte, war ein langer Text, der mir – wieder einmal – erklären sollte, dass nicht nur einer, sondern viele Menschen mein Tun genauestens beobachteten und ihnen eben dieses missfiel. Der Ton war ekelhaft, gleichzeitig anbiedernd und drohend:

Deinen Aufenthalt in Hamburg haben wir (...) genau verfolgt. Du glaubst ja immer, mit allen so sehr befreundet zu sein. Aber der Blogbeitrag [von Felix] hat gezeigt, daß es sich bei dem Treffen um ein rein berufliches Meeting gehandelt hat. Lies im Gegensatz dazu einfach, was er ein paar Tage zuvor über seinen Aufenthalt in Frankfurt publiziert hat. Dort ging es um menschliche Nähe; bei dir allerdings rein um Business.

Wir finden, daß es an der Zeit ist, daß du endlich von deinem hohen Ross absteigst. Nicht nur wir haben den Eindruck, daß deine Tage an der Spitze der Modeblogs gezählt sind. Jüngere wie Jane Wayne oder wildere wie die Dandy Diarys werden übernehmen. Für deine trutschige Berichterstattung im Stil der untergenganen

Prinz wird sich im professionellen Bereich bald niemand mehr interessieren.

Außerdem hast du in der Vergangenheit einfach zu vielen Leuten mit deiner unsäglichen Arroganz vor den Kopf gestoßen. Wir erinnern uns alle noch gut, wie schlecht du früher über (...) gesprochen hast – und auch über viele andere deren Hände nun auch deine gegenseitig waschen. Wir haben das nicht vergessen. Das war lange bevor sie dir luktrative Aufträge verschaffen konnte. Jetzt tust du – wie mit allen anderen auch – auf gut Freund. Du solltest aber nicht vergessen, daß deine ganzen Kontakte zu Bloggerinnen, PR-Agenturen und Journalisten ausschließlich geschäftlich sind. So werden wir künftigt auch den Umgang mit dir pflegen. Beiße nicht die Hand, die dich füttert. Auch wenn sie heute noch nicht so einflussreich ist, wie die, mit denen du dich gern umgibst.

Wir haben gesehen, dass du auf Twitter etwas Ärger mit Trollen hast. Das verurteilen wir. Aber wer sich so sehr in die Öffentlichkeit begibt wie du und so viele andere Menschen von oben herab behandelt hat, muss mit so etwas rechnen.

Vielleicht denkst du mal darüber nach.
Mit professionellen Grüßen
die Mitglieder des Berliner Modekreises
PS Uns ist zu Ohren gekommen, dass sich ein größeres Unternehmen um die Markenrechte für Stil in Berlin bemühen will. Ein gutgemeinter Rat: kümmere dich darum, bevor du den Kürzeren ziehst.

Ich konnte nicht umhin, beim Lesen dieser Mail zu lachen. Das war mit Abstand das Dämlichste, was er mir bisher geschickt hatte. Nicht nur wollte er mir weismachen, die Attacken kämen aus verschiedenen Richtungen, nein – es hätte sich ein *informeller Kreis* gefunden, der es für nötig hielt, mir in einer Mail die Leviten zu lesen. An dem Punkt musste Z.s Wahnsinn einen neuen Tiefpunkt erreicht haben. Twitter, Kommentare, Post und Anrufe reichten ihm längst nicht mehr aus – seine Vergeltungssucht wurde von diesen Taten längst nicht mehr gestillt. Er musste einen anderen Weg finden, seinen Rachewillen zu befriedigen.

> **LehMatz** @LehMatz 12 Std.
> @stilinberlin Was für ein frommer Wunsch. Dabei bist du doch gar nicht katholisch, oder?
> 💬 Gespräch zeigen
>
> **Stil in Berlin** @stilinberlin 20 Std.
> my opinion on that. fb.me/2E2BfKGg2
> 🔁 Retweetet von LehMatz
> Öffnen
>
> **LehMatz** @LehMatz 15 Std.
> @stilinberlin Hoffentlich bekommt er von dir nicht nur ein Milchmädchenblogger-Honorar!!!
> 💬 Gespräch zeigen
>
> **LehMatz** @LehMatz 11. Mär.
> @m_arlii Die Frage ist doch, ob du auch dafür bezahlst oder ob du für diese Schleichwerbung Geld bekommst?
> 💬 Gespräch zeigen
>
> **Mary** @m_arlii 11. Mär.
> oh those sunny days, just all seems so long ago...
> vimeo.com/60254583#at=0
> 🔁 Retweetet von LehMatz
> 📷 Medien anzeigen
>
> **LehMatz** @LehMatz 11. Mär.
> @stilinberlin Ja, Dena kann schon mehr als nur ein Glas Wasser tragen.
> 💬 Gespräch zeigen
>
> **LehMatz** @LehMatz 10. Mär.
> @m_arlii Dann zieh da doch endlich hin!!!
> 💬 Gespräch zeigen

    In Rasso Knollers Buch *Stalking – Wenn Liebe zum Wahn wird* las ich, dass Stalker in ihrem Verhalten zuweilen mit Drogensüchtigen verglichen werden, weil das Stalking im Laufe der Zeit zu ihrem Lebensmittelpunkt wird. War Stalking so etwas wie eine Sucht? Wirkte die einzelne Stalking-Handlung bei Z. vielleicht wie der Konsum von Drogen? Ich konnte mir gut vorstellen, dass er jedes Mal, wenn er eine neue Beleidigung auf Twitter abschickte, einen kleinen Rausch spürte. Aber war es wie bei Drogen, von denen man mehr und mehr brauchte, um die gleiche Wirkung zu spüren, weil sich der Körper langsam an sie gewöhnte? War das der Grund, weshalb er mir immer mehr in immer kürzeren Abständen schicken musste? War er süchtig danach, mich zu stalken?
    Neben sehr interessanten Beiträgen verschiedener Opfer, fand ich in Knollers Buch die Schilderung einer Täterin, »Tanja«. Sie beginnt, die Ehefrau eines Mannes zu stalken, mit dem sie bis kurz zuvor eine Affäre hatte und der den Kontakt zu ihr abgebrochen hat. Sie beschreibt, welch Erleichterung ihr das Stalking am Beginn verschafft – jeder anonyme Anruf bei ihrem Opfer lindert Tanjas eigenen Schmerz: *Sie spürte ihre Angst und weidete*

sich daran. Warum sollte es dieser Frau gut gehen, wenn sie sich selbst so schlecht fühlte?

Aber die Wirkung dieser Anrufe lässt schnell nach, bald reicht es Tanja nicht mehr, ihr Opfer anzurufen, um sich besser zu fühlen – sie muss die Frau stärker bedrängen, sie heftiger schikanieren, um noch eine Befriedigung zu spüren. Zusätzlich zu den Anrufen bestellt Tanja jetzt Taxen und Pizzen zum Haus des Ehepaares, später dringt sie auf deren Grundstück ein, als die beiden nicht zu Hause sind. Als sich das Paar eine geheime Telefonnummer zulegt, findet sie diese mit perfiden Mitteln heraus, ruft an und genießt mit einem Lächeln auf den Lippen das stille Entsetzen, das sie am anderen Ende der Leitung hört.

Genauso stellte ich mir Z. vor, als er die Mail im Namen des *Berliner Modekreis* verfasste – ein bisschen aufgeregt, ob der neuen Idee, sich als ganzer *Kreis*, der mich belehren und bedrohen will, auszugeben. Kurz zuvor liest er auf Felix' Blog, wie sehr ihm unsere Gespräche in Hamburg gefallen hatten und wie sehr mein Rat ihm geholfen hat. (Es ging um die Frage, welchen beruflichen Weg Felix einschlagen sollte, und ich hatte ihm Mut zugesprochen.) Es regt Z. wahnsinnig auf, dass es immer noch Menschen gibt, die glauben, mein Rat resultiere aus guten Absichten und wäre nicht nur Eigennutz. Er muss etwas dagegen tun, gegen diesen vermaledeiten Hochmut, diese ungerechtfertigte Arroganz. Noch mehr Menschen müssen vorgeben, mich zu hassen. Er muss mich glauben machen, dass ganz Berlin gegen mich ist: *Außerdem hast du in der Vergangenheit einfach zu vielen Leuten mit deiner unsäglichen Arroganz vor den Kopf gestoßen.* Ihm zittern die Finger, er tippt die Worte atemlos mit laut klopfendem Herzen und steigender Gier, verschreibt sich ein paar Mal, nimmt sich aber nicht die Zeit, den Text zu korrigieren, bevor er auf »Senden« klickt – da setzt der Rausch ein, erleichtert ihn, Z. kann sich endlich wieder entspannen.

Kurz zuvor schickte einer meiner Freunde die Frage, was man gegen Cyberstalking tun könne, an einen E-Mail-Verteiler Berliner Akademiker und leitete mir die Antworten weiter. Während die meisten davon lediglich Tipps für Selbsthilfegruppen

Submitted on 2013/03/10 at 14:30 Das wäre doch auch mal ein Tipp für diese Jahreszeit. Schnee und Eis passen doch gut zusammen. Hihi.	Guide: Delicious Ice Cream in Berlin **20** View Post
Submitted on 2013/03/10 at 14:28 Hast du eigentlich schon eine Platte in Friedrichshain gefunden? Oder suchst du jetzt auch nach Villen an der Alster?	At Home: Maryam Zaree **10** View Post
Submitted on 2013/03/10 at 14:26 Was zahlt dir eigentlich Frau Dehoff?	At Home: Leena Zimmermann **1** View Post
Submitted on 2013/03/10 at 14:24 Von Vladi möchte man ja auch ein Kind haben. Er ist so sweet. Findest du auch?	At Home: Vladimir Karaleev **0** View Post
Submitted on 2013/03/10 at 14:23 Hamburg ist die Stadt für dich. Fehlt nur noch ein Villa und so ein schnieker Sohn.	At Home: Iris and Valentin von Arnim **2** View Post
Submitted on 2013/03/10 at 14:21 Endlich mal ein interessanter Beitrag. Viel zu selten hier.	Interview: Rafael Horzon **8** View Post
Submitted on 2013/03/10 at 14:14 Bei der SZ ist übrigens auch schon aufgefallen, dass du dort zur letzten MBFW bevorzugt Designer angepriesen hast, die auch in deinem Shop vertreten waren. Wir glauben nicht, dass das mit Journalismus zu tun hat. Zur nächsten Fashion Week wirst du dort sicher nicht noch einmal schreiben dürfen. (Auch inhaltlich fanden wir deine Beiträge schwach. Schade, dass du diese Chance vertan hast. Menkes hat mit allem recht: Modeblogger sind ahnungslose Wichtigtuer.	Event: Stil in Berlin Store **3** View Post

gaben, zeichnete die Mail einer jungen Frau ein besonders düsteres Bild:

»Du wirst sehen, wie deine Freundin langsam all ihre Freunde und Kontakte verlieren wird. Sein Ziel ist es, ihr Leben und ihre Seele zu zerstören, und es wird ihm wahrscheinlich gelingen. Die meisten Menschen haben Angst vor neuer Technik, und jene, die damit umgehen können, profitieren davon. Er weiß, dass die Polizei nichts gegen ihn tun wird, weil sie die Technik und ihre Auswirkungen weder verstehen noch ernst nehmen. Alle Selbsthilfe und sonstige sozialen Dienste werden lediglich ihre ›offline Stalking‹-Tipps anbieten.

Bei Cyberstalking ist es ein bisschen wie im Wilden Westen – jeder schaut weg und tut so, als gebe es das nicht, während das Leben von anderen zerstört wird. Stalking traumatisiert kurz- und langfristig, es ist beinah wie eine anhaltende Vergewaltigung. Nach Hilfe zu suchen kann ebenso furchtbar sein, weil die meisten nicht wissen, was sie dagegen tun können, und lediglich dazu übergehen, das Opfer zu beschuldigen. Es tut mir leid für deine Freundin.«

Als ich das las, wollte ich mich nicht davon angesprochen wissen. Dieses Bild war so düster, dass ich glaubte, es hätte mit mir wenig zu tun. Denn so würde es mir mit Sicherheit nicht ergehen. Ich würde nicht klein beigeben und zulassen, dass er mein Leben zerstörte. Ich ließ mich von ihm doch nicht einschüchtern!

Aber so wie es war, konnte es nicht weitergehen; würde er mich denn jetzt für den Rest meines Lebens stalken? Müsste ich etwa mit dem Gedanken leben, dass er mich für immer verfolgen, mich nie wieder in Ruhe lassen würde? Dass alles, was ich tat, von ihm beobachtet wurde? Dass seine Wut ihm monate-, ja jahrelang Grund geben würde, mich anzugreifen? Diese Gedanken brauten sich in meinem Kopf zusammen wie dunkle Wolken: Würde er mich jeden Tag begleiten? Nie wieder von mir lassen? Die Hoffnung, er würde irgendwann von selbst aufhören, weil er genug hatte, war in weite Ferne gerückt; sie war von der Angst, dass es nie vorbei sein könnte, verdrängt worden.

Ich stellte mir mein Leben in zwei Jahren vor – war es dann noch genauso schlimm? Fände ich jeden Morgen zig Postsendungen im Briefkasten und zig beleidigende Kommentare auf meinem Blog? Vielleicht bin ich dann so abgestumpft, dass ich es kaum mehr mitbekomme. Könnte ich es so lange aushalten und dennoch weiterarbeiten, meine Freundschaften pflegen, vielleicht gar eine neue Beziehung haben? Oder bekäme er seinen Willen, und ich bin allein und arbeitslos, vergammele depressiv in meiner Wohnung?

Was wäre, wenn ich irgendwann einen neuen Mann kennenlerne, den ich interessant finde, hätte ich dafür überhaupt den Kopf frei? Der würde mir doch einen Vogel zeigen, wenn er von dem Stalker hört, und so schnell es geht das Weite suchen. Selbst wenn dieser neue Mann es damit aufnehmen wollte, wäre Z. am Ende irre genug, ihn zu stalken? Wie sollte ich diese Verantwortung aushalten?

Mit dem Herz auf meinem Handgelenk wollte ich mich daran erinnern, dass die Liebe stärker war als der Hass, den Z. säte – aber im Moment sah es nicht danach aus. Würde Z. die Oberhand und dieses Machtspiel gewinnen?

Ich wusste auf diese Frage keine Antwort, denn die Zügel lagen nicht in meiner Hand. Wie ein kleiner Teufel hatte er sich an meinem Bein festgekrallt und zerrte an mir. Biss mir in die Waden, bremste mich, ließ mich stolpern, und ich musste mich sehr anstrengen, damit er mich nicht ganz zu Fall brachte. Los wurde ich ihn nicht; schneller gehen half nichts, wegrennen konnte ich nicht – ich musste ihn überall mitschleppen und jedem erklären, warum mir so eine fiese Kreatur am Knöchel hing. Dachte ich am Anfang, einfach nicht hinschauen zu müssen, war er mittlerweile so groß und hässlich geworden, dass ich ihn nicht mehr übersehen konnte. Nur mit großer Mühe kam ich überhaupt einen Schritt voran.

So ging es nicht. Ich hatte doch keinen Fehler gemacht, ich hatte mich lediglich gegen die Beziehung mit Z. entschieden, und das gab ihm nicht das Recht, den Rest meines Lebens zu zerstören. War ich nicht stärker als er?

Aber ich glaubte, ich wäre am Ende meiner Kräfte angekommen, viel länger würde ich es nicht aushalten. Wenn ich nicht bald etwas tat, würde mich der tägliche Druck irgendwann zerquetschen.

Ich begann, etwas zu unternehmen, es waren zunächst nur kleine Schritte, aber entscheidende. Das Erste, was ich tun musste, war ganz eindeutig aufzuhören, Z.s Attacken zu ignorieren. Ich konnte nicht mehr so tun, als könnte ich es aushalten, wenn ich es nur nicht beachtete, sondern musste anfangen, seine Taten als das wahrzunehmen, was sie waren: infame Angriffe auf mich und mein Leben. Und diese musste ich jetzt dokumentieren. Ich hörte auf, die Post wegzuwerfen, sondern stapelte sie im Keller; machte regelmäßig Bildschirmfotos seiner Tweets und Kommentare und speicherte diese in Ordnern.

Bisher hatte ich absolut keine Lust dazu, weil ich glaubte, es wahrzunehmen und festzuhalten bedeutete, das Stalking als Teil meines Lebens zu akzeptieren. Und so lange ich es nicht als Teil meines Lebens akzeptierte, konnte es mir nichts anhaben, oder?

Langsam jedoch wurde mir klar, dass es nichts brachte, mir ständig einzureden, dass Z.s Schikane mein Leben nicht bestimmte; dadurch wurde diese Hoffnung leider längst nicht wahr. Ich war Stalkingopfer, ob ich das nun wollte oder nicht. Die Attacken zu dokumentieren hieß lediglich, das endlich zu akzeptieren. Bisher war mir die Bezeichnung »Opfer« zu passiv gewesen, und ich wehrte mich dagegen. Klar, ich wurde gestalkt, aber ich sah mich nicht als Opfer, ich blieb doch stark und widerständig, ließ mich davon nicht kleinkriegen! Und mich Opfer zu nennen, hieße das nicht, mich zum Opfer zu machen?

Die Bezeichnung »Opfer« begriff ich lange als Niederlage, so sehr, dass ich das Wort kaum aussprechen konnte. Aber sich gegen diese Benennung zu wehren war nur ein vermeintlicher Sieg, der mir nichts brachte und sogar oft verhinderte, dass ich mich anständig zur Wehr setzte. Man kann nichts dafür (und oft nur wenig dagegen), dass man Opfer wird – oder besser, dass man zum Opfer gemacht wird. Ich fand das furchtbar ungerecht und frustrierend, aber langsam begriff ich, dass es besser war, diese Wut in die nötige Energie umzuwandeln, die ich brauchte, um mich gegen die Attacken und nicht etwa gegen die Bezeichnung zu wehren.

Ein weiterer Anlass, alles zu dokumentieren, war außerdem, dass ich Z. wieder anzeigen wollte. Bei der ersten Anzeige war ich allzu zögerlich vorgegangen, hatte die Anfragen verschleppt und viel zu wenig Beweise eingereicht – kein Wunder, dass der Amtsanwalt den Fall so einfach zu den Akten legte! Dieses Mal würde es anders werden, nicht nur hatte ich mittlerweile viele Nachweise, dass es weit über Belästigung hinausging, ich wollte außerdem einen Anwalt beauftragen.

Bisher schreckte ich vor den Kosten zurück, ich hatte keine Rechtsschutzversicherung (eine der vielen Dinge, die ich regelmäßig auf meine To-do-Liste schrieb, um sie nie umzusetzen) und daher die Sorge, allein die Beratungsgespräche würden mich hunderte Euro kosten. Außerdem wusste ich nicht, wie ich einen kompetenten Anwalt finden sollte, der sich sowohl mit Nachstellung als auch mit dem Internet auskannte. Gab es so was überhaupt? Trotzdem musste ich es versuchen.

Ich googelte einfach und fand eine Kanzlei in Berlin, die angab, dass sie auf Nachstellung spezialisiert war, außerdem war das Büro nicht weit von mir, und ich bekam sofort einen Termin.

Vor dem Termin war ich angespannt und nervös; ob ich dem Anwalt zunächst erklären musste, warum man das Bedürfnis verspürt, Bilder von Alltäglichkeiten auf Instagram hochzuladen? Oder wie man vom Bloggen leben kann? Ich saß im Wartebereich in deren kleinem Flur und überlegte mir passende Antworten auf die Frage, warum ich trotz Stalker noch immer auf Facebook, Twitter und Instagram aktiv war. Warum ich meinen Blog bisher nicht aufgegeben hatte, wenn es denn so belastend war. Dass es zu meinem Job gehörte, und so weiter. Ich nahm mir vor, den Anwalt nur zu beauftragen, wenn er mich das nicht fragte. Gleichzeitig war ich total gespannt, die Möglichkeiten, wie ich mich wehren könnte, zu erfahren.

Dem Anwalt erzählte ich eine Kurzfassung der gesamten Geschichte, davon, wie ich Z. kennengelernt hatte, dass er mich nach der Trennung belästigte und später begann, mich anonym zu stalken. Ich berichtete von der ersten Anzeige und deren Einstellung und vor allem davon, dass das Stalking in den letzten Wochen massiv zugenommen hatte und ich mich jetzt endlich richtig wehren müsste. Der Anwalt hörte geduldig zu, machte sich einige wenige Notizen und stellte ein paar Nachfragen. Am Ende meiner Ausführungen machte er mir Mut: Die meisten Stalking-Fälle erledigten sich von selbst, sobald der Anwalt des Opfers einen ernsten Brief an den Täter schrieb. Der Rest würde sich auf dem Weg zum Verfahren lösen lassen. Ich sollte mir keine Sorgen machen.

Weder empfahl er mir, mich aus dem Netz zurückzuziehen, noch zweifelte er an, dass Z. der Täter war; er ermutigte mich, zur Polizei zu gehen und eine weitere Anzeige zu machen. Er würde sich mit der jeweiligen Dienststelle in Verbindung setzen und dafür sorgen, dass die Ermittlungen fortgeführt wurden. Die Polizei müsse man in solchen Fällen regelrecht nerven, sagte er mir, ansonsten unterschätzten die Beamten aus mangelnder Erfahrung schnell die Ernsthaftigkeit solcher Situationen. Er bat mich, von nun an regelmäßig die Post, die Kommentare, die Mails und Twitter-Nachrichten zur Polizei zu bringen. Er würde in der Zwischenzeit die Akte der letzten Anzeige anfordern und den Brief an Z. vorbereiten. Er zeigte mir ein Muster, darin wurde der Täter mit unmissverständlichen Worten aufgefordert, den Kontakt zu unterlassen, im Fall einer Missachtung drohte man mit zivilrechtlichen Schritten.

Sollte Z. mich nach Erhalt des Briefes weiter belästigen, hatte ich gute Chancen, dass das Familiengericht eine Gewaltschutz-Anordnung bewilligte. Z. bekäme eine einstweilige Verfügung zugestellt, die ihm den Kontakt zu mir zivilrechtlich untersagte. Den Antrag könnte ich auch ohne den anwaltlichen Brief stellen, im Zivilrecht reichte eine Versicherung an Eides statt; eine Anerkennung der Belästigung als Nachstellung wie beim strafrechtlichen Prozess musste ich hier nicht erlangen. Aber der Brief würde helfen, meine ernsten Absichten vor Gericht zu unterstreichen. Sobald Z. diese Anordnung nachweisbar zugestellt wurde, könnte er für jeden weiteren Kontaktversuch strafrechtlich belangt werden. Kurz, ich könnte bei der ersten SMS zur Polizei gehen.

Der Musterbrief des Anwalts war präzise und streng formuliert; er verbot nicht nur den direkten Kontakt, sondern zählte jede Möglichkeit eines Kontakts über Dritte (bestellte Informationen, Pakete, Anrufe etc.) auf. Der Schlusssatz dementierte jedes Interesse an einer Rechtfertigung des Adressaten, Briefe mit Begründungen würden nicht angenommen. Der Anwalt erklärte, dass sie diese Passage hinzufügen mussten, nachdem zahlreiche Täter begonnen hatten, ellenlange Briefe zu schicken, in denen sie ihr Verhalten erklären wollten. Oft war dies jedoch nur ein weiterer Versuch, mit dem Opfer in Kontakt zu kommen.

Es waren diese kraftvollen Formulierungen des Anwalts, die mir Gewissheit gaben, hier an der richtigen Stelle zu sein. Es würde Z. gehörig erschrecken, und ich würde nicht scheuen, sofort zum Familiengericht zu gehen und die Verfügung zu beantragen, sollte er mich kontaktieren, nachdem er den Brief erhalten hatte. Beinah frohen Mutes verließ ich die Kanzlei, schon lange nicht mehr war ich so optimistisch. Warum war ich nicht früher zum Anwalt gegangen, jetzt sah doch alles so einfach aus! Ich sah wirklich eine Chance, dem Spuk ein Ende setzen zu können.

*Ob
du
das
eigentlich
alles
liest?*

Wie erwartet, wurde Z.s Ton mit der Zeit rauer und aggressiver: *Dann geh doch zurück nach Hawaii: Vielleicht könnten die zierlichen hübschen Surferinnen, dort noch eine zu groß geratene Frau mit knöchigem Oberkörper und dicken Oberschenkeln gebrauchen, die mit ihnen Hula tanzt.*

Zehn Minuten später schrieb er mir: *Aber in Hawaii soll es eine gute Klinik geben: Das Fett, das an den Oberschenkeln und am Po zu viel ist, pflanzen die in die Brüste. Mit ein paar kosmetischen Behandlungen und einer Nasenverkleinerung könntest du es dann in die erste Runde von GNTM schaffen. Wir drücken dir dafür ganz doll die Daumen!!!!!*

Täglich schickte er mehr solcher Beleidigungen. Dazu kamen SMS wie: *Fab in the Hood – alle sind attraktiv und können coole Sachen. Nur du trägst auf dicken Oberschenkeln ein Glas Wasser zum Pool. Ich meine, ist das dein Ernst?* als Antwort auf ein recht albernes Video, das wir in Hawaii gedreht hatten und das an diesem Tag veröffentlicht wurde.

In Berlin war es wieder schrecklich kalt geworden, nach ein paar frühlingshaften Tagen stürzten die Temperaturen bis weit unter minus zehn Grad, und die ganze Stadt war zugeschneit. Der Frost schien kein Ende nehmen zu wollen. Ich verbrachte nun regelmäßig einen Teil meines Tages damit, die neuen Attacken Z.s zu dokumentieren, ich sicherte die Kommentare und Tweets, sortierte und stapelte die Post. Davon bekam ich jeden Tag mehr, nicht nur nach Hause, sondern auch in mein Büro – seine Bestellungen wurden absurder, unter anderem ließ er mir Probe-Ausgaben des Magazins *Der Raubfisch*, ein Blatt für Angler, ins Büro schicken. Ob er sich so richtig boshaft gefreut hat, als ihm dieser subtile Titel bei seinen stundenlangen Recherchen unterkam?

Außerdem wurde ich mittlerweile täglich mehrmals angerufen – von Immobilienvertretern, Versicherungs- oder Finanzberatern und Autoverkäufern. Z. hatte sowohl meine Handy- als auch meine Büronummer (die im Impressum des Blogs angegeben war) in zahlreichen Formularen im Netz mit Rückrufwunsch angegeben, mal für eine Beratung zum Thema Geldanlagen, dann wieder, weil ich angeblich ein Grundstück oder ein Auto kaufen wollte. Diese ständigen Anrufe führten dazu, dass ich bei unbekannten Nummern auf dem Handy nicht mehr ranging und die Anrufe auf dem Festnetz in der Regel vom Anrufbeantworter angenommen wurden. Ich hörte diese Nachrichten alle paar Tage morgens ab, wenn ich allein im Büro war; setzte mich ans Fenster, schaute in den grautrüben Berliner Wintertag und drückte auf »Play«: »Hallo Frau Scherpe, ich rufe an, um mit Ihnen über Möglichkeiten der Lebensversicherung zu sprechen, ich probiere es später noch einmal, Sie erreichen mich unter ...« – »Frau Scherpe, ich habe Sie bisher leider nicht erreicht, es geht um Ihre Lebensversicherung, ich versuche es später noch mal, meine Nummer ist ...« – »Hallo, Sie haben um Rückruf gebeten wegen einer Lebensversicherung, jetzt erreiche ich Sie seit Tagen nicht, rufen Sie mich doch bitte zurück, meine Nummer ist ...«

Nur wenn ein Berater partout nicht aufgeben wollte und es über Tage wiederholt versuchte, ging ich ran und klärte die Sache auf. Ich hatte wenig Lust darauf, vor allem weil einige Berater die Dreistigkeit besaßen, mir trotzdem eine Versicherung aufschwatzen zu wollen. Die meisten gaben zum Glück nach einem gescheiterten Versuch auf.

Ich wunderte mich ein wenig, dass Z. bisher nur Bestellungen für mich aufgab, die nicht mit Kosten verbunden waren (es waren gratis Warenproben, Infobroschüren und Kataloge), aber ich rechnete eigentlich jeden Tag damit, eine Sendung mit Rechnung zu erhalten, und konnte nur hoffen, dass der Absender Verständnis haben würde. Irgendwie fand ich diesen ganzen Mist ja doch immer wieder reichlich lächerlich, aber zum Lachen war mir selten zumute.

Abends am 11. März schrieb mir Toby, mein Studienfreund,

der gerade eine Film-Kolumne auf meinem Blog *Stil in Berlin* begann, eine Nachricht auf Facebook:
»Wer ist Klara?«
»Klara?«, fragte ich zurück.
»Klara hat mir eine Mail geschrieben. Ihre Adresse ist *stilinberlin@live.com*, sagt dir das was?«
»Eine E-Mail?«
»Ja, komisch, sie sagt, ich solle mehr Geld verlangen.«
Er schickte mir »Klaras« Mail:

Hallo Toby,
schön, dass du bald eine Kolumne auf Stil in Berlin machst. Wir wollten dir aber vorher noch einen Tipp geben: Hoffentlich hast du ein angemessenes Honorar ausgehandelt. Habe mich mit einer Kollegin, die auch aus dem Bereich Medien kommt, unterhalten und wir finden, dass 150,– Euro pro Beitrag schon drin sein sollten. Schließlich handelt es sich bei Stil in Berlin um kein privates Blog, sondern um ein etabliertes und durchkommerzialisiertes Onlinemagazin. (Nach eigenen Angaben berechnet Frau Scherpe 1500,– Euro für ein Advertorial. Und du siehst, das ganze Blog ist voller Anzeigen.)
    Lass dich nicht so billig abspeisen wie einst Darryl (man hörte, er habe viele Jahre für einen sehr geringes Honorar über Jahre hinweg hochwertige Beiträge abgeliefert.)
    Liebe Grüße, Klara

Ich sah diese Mail auf meinem Bildschirm und dachte, ich spinne. Ich rief Toby sofort an. Z. hatte die Ankündigung der neuen Kolumne auf dem Blog tatsächlich zum Anlass genommen, seine Waffen im Kampf gegen mich weiter zu verschärfen. Hatte er mich bisher nur direkt angegriffen und dabei höchstens mal die Hoffnungen eines Anlageberaters auf ein gutes Geschäft enttäuscht, wurde seine Strategie jetzt komplexer: Er zielte auf meine Freunde und Kollegen. Toby, der gerade sein Studium beendet hatte und nun freiberuflich als Filmjournalist arbeitete (kein Vorhaben, welches das Bankkonto schnell füllte), traf er dabei an einem sensiblen Punkt – er wollte ihm weismachen, dass ich ihn finanziell ausnutzte. Seine Behauptungen waren unbegründet, aber indem »Klara« mich zu einer profitgierigen Herrscherin über ein *durchkommerzialisiertes* Produkt stilisierte, provozierte »sie« die große Angst vor Ausbeutung, die fast alle jungen Freiberufler haben. Weil es mir im Prinzip ja nie um den Inhalt, sondern nur darum ging, möglichst viel Geld zu scheffeln.

Oh Z., wie irre bist du mittlerweile? Wie groß sind deine Wut und dein Drang nach Vergeltung? Ergibt sich wirklich nichts in deinem Leben, das dich zufriedener macht als solche Verleumdungen? Sind ich und meine Arbeit wirklich dein größtes Ärgernis und das Einzige, was dich motiviert?

Als ich die Mail las, dachte ich unmittelbar, Z. musste den Verstand verloren haben. Der Gedanke kam mir allerdings nicht zum ersten Mal. Gleichzeitig erzürnte es mich wahnsinnig, dass er die Kampfzone wieder einmal ausgeweitet hatte und ich lediglich reagieren konnte, als es zu spät war. Ein Verdacht bohrte sich in mein Hirn: Wie viele solcher Mails hatte er geschrieben? Waren schon Nachrichten an meine Bürokollegen unterwegs? Oder an Agenturen, mit denen ich zusammenarbeitete?

»Klara« hatte ihre Argumentation damit unterstreichen wollen, dass ich Darryl, der lange mit mir zusammen an dem Blog gearbeitet hat, angeblich finanziell übervorteilt hätte. Das war natürlich eine an den Haaren herbeigezogene Provokation, die jedoch ihre Wirkung nicht verfehlte: Toby hatte auf die Mail geantwortet, bevor er mich gefragt hatte, wer »Klara« sei. Er wollte wissen, wer ihm da schrieb. Und »Klara« antwortete:

Hallo Toby,
ich habe gerade auf FB gesehen, dass deine Chefin dich als ihren neuen Kolumnisten angekündigt hat. Man muss nur 1 + 1 zusammenzählen. Was ich weiß, ist in der Branche bekannt – oder eben auch im Internet zu sehen. Pass auf, dass du kein »Milchmädchenblogger« wirst (googel mal danach), der sich für ein Taschengeld abspeisen lässt. Darüber hinaus möchte ich – aus geschäftlichen Gründen, ich arbeite in einer Berliner PR-Agentur, – nicht wei-

ter in Erscheinung treten. Ich wollte dir nur diesen Tipp geben, weil auch ich mich früher für kleines Geld im Onlinejournalismus ausbeuten ließ. Ich finde: Entweder man wird für seine Veröffentlichungen fair bezahlt oder man publiziert woanders. Und falls die Bezahlung gering oder ganz fehlen sollte, muss man halt überlegen, etwas eigenes aufzuziehen, anstatt den Ruhm einer bekannten Bloggerin weiter zu mehren, die ihr Gebiet dann auch noch fast umsonst auf die Filmbranche ausweitet. Auch wenn es am Anfang natürlich schwerer ist, weil man nicht sofort die Reichweite hat, die Stil in Berlin laut eigenen Angaben, angeblich haben soll. Aber solange man in einem fremden Blog schreibt, ist man jederzeit absolut austauschbar. Das ist nur meine Meinung.
Ich wünsch dir jedenfalls alles Gute und viel Erfolg.
Liebe Grüße, Klara

Wieder war es eine junge Frau, die in einer Berliner PR-Agentur arbeitete und deswegen ihren Namen nicht preisgeben konnte. Darüber hinaus handelte sie natürlich lediglich aus uneigennützigen Motiven, »Klara« wollte Toby vor einer egomanen Kapitalistin wie mir warnen. Was sollte man gegen solchen Edelmut sagen?

Glücklicherweise ließ sich Toby davon nicht beirren. Nachdem ich ihn über die gesamte Geschichte mit Z. aufgeklärt hatte, hakten wir es gemeinsam als nervige Episode ab.

Neben wie von erdrückender Sucht getriebenen plötzlichen Attacken entwickelte Z. nun solch sorgfältig geplante Aktionen. Ich konnte nur hoffen, dass, sollte er noch einmal einen solchen Versuch bei meinen Bekannten unternehmen, auch diese mich informierten.

An dem Tag, als Z. die Mails in Klaras Namen schrieb, hinterließ er außerdem zig Kommentare auf meinem Blog und schickte SMS. Den ganzen Tag musste er inzwischen damit verbringen. Ich stellte mir vor, wie er jede Minute überlegt, was er als Nächstes tun könnte. Wie er sich kaum auf Gespräche konzentrieren kann, weil er immer wieder an mich denken muss. Wie er mit seinem iPhone in einem Hamburger Café sitzt und gar nicht verhindern kann, wieder nachzuschauen, ob er irgendwo eine neue Veröffentlichung von mir findet, ob ihm etwas Gehässiges zu dem neuesten Blogbeitrag einfällt: *Und Hamburg ist bestimmt auch ganz traurig, dass du nicht regelmäßig kommst. Aber du solltest dein Berlin nicht vernachlässigen.*

Oder ob er beim ausführlichen Googeln doch noch irgendein Foto findet, das er nicht kennt und das er mir stolz präsentieren kann: *Du solltest auch mal Make-Up probieren, wäre bei deiner sehr unreinen Haut auch ein Gewinn. Vielleicht kannst du dann ja auch mal auf's Set.*

Das Bild, wie er vorm leuchtenden Display sitzt, wie im Wahn nach Spuren von mir sucht und sich über jeden neuen Beitrag von mir wie ein kleines Kind freut, weil er einen neuen Anlass für eine Beleidigung hat, gruselt mich. In meiner Vorstellung schwitzt er dabei, mit aufgerissenen Augen starrt er aufs Display und wählt mit feuchten Fingern mein Facebook-Profil an. Wenn er dort nichts findet, sucht er in meinem Blog, dann auf meinem Twitter-Profil, dann auf Instagram, dann mit Google. Immer wieder muss er durch diese Routine gehen, bis er endlich Erfolg hat.

Submitted on 2013/03/12 at 22:09

Auf FB immer schön Jezbel-Artikel empfehlen, aber im eigenen Blog immer nur hohles Zeug veröffentlichen. Warum machst du nicht auch mal was, was die Welt verbessert, anstatt immer nur diesen Konsumscheiß?

Lunch in Berlin: Hashi Izakaya

1 View Post

Submitted on 2013/03/12 at 19:14

Richtig viele Likes bekommst du für deine Beiträge hier auch nur noch, für mittelmäßige Freunde-von-Freunden-Kopien. Für den rest scheinen sich nur ein paar verirrte Berlintouristen zu interessieren, die sich über Google hierhin verirren.

Lunch in Berlin: Hashi Izakaya

1 View Post

Submitted on 2013/03/12 at 19:04

Und in München glaubst du auch Freunde zu haben? Das ist ja ganz toll. Zieh doch da hin. (Ist ja schließlich auch für Verlage eine Hochburg, wie man liest.)

Lunch in Berlin: Hashi Izakaya

1 View Post

Am Morgen des 13. März, es war ein Mittwoch, ging ich wieder auf die Wache, um die zweite Anzeige wegen Nachstellung zu erstatten. Ich fragte nach einem Polizisten, der sich mit dem Internet auskennt, weil das Stalking hauptsächlich online stattfindet. Die Beamten baten mich, draußen im Wartebereich Platz zu nehmen, es würde sich bald jemand um mich kümmern.

Auf der Bank im Foyer knibbelte ich nervös an meinen Fingernägeln, ich war aufgeregt, aber trotz aller vorigen Erfahrungen eher voller Vorfreude als Angst. Schließlich hatte ich mir vorgenommen, alles richtig zu machen, mich nicht so leicht abwimmeln zu lassen – an mir sollte es dieses Mal nicht liegen!

Dann kam der Beamte, ich schätzte ihn auf Ende vierzig, er führte mich die Treppen hinauf in sein Büro. Ich setzte mich auf den Stuhl, der direkt neben ihm stand, und erzählte drauflos: von den falschen Konten auf Twitter und Instagram, den falschen SMS, den zahllosen Kommentaren, die alle über TOR-Server verschickt wurden, den anonymisierten Mails an mich und seit neuestem eben an meine Freunde, erzählte von der ersten Anzeige und deren Einstellung. Der Polizist schaute mich an, schrieb einige Sachen auf und suchte im Computer nach dem Vorgang der letzten Anzeige.

»Haben Sie eine Idee, wer das sein könnte?«

»Ja, aber ich kann es nicht beweisen. Wie gesagt, alle Nachrichten kommen anonymisiert über Tor-Server oder andere Anonymisierungsdienste ...«

Er sog tief Luft ein und drehte sich wieder zu seinem Rechner. »Also, man kann die IP-Adressen nicht zuordnen«, fügte ich hinzu, »verstehen Sie, was ich meine?«

»Hmm ...«

Ich konnte kaum glauben, was er als Nächstes sagte: »Also, dieses Internet ... Ich habe ja nicht mal eine private Mailadresse, wenn es hier im Revier nicht notwendig wäre, würde ich auf den ganzen Kram verzichten.«

Sein Kollege am Schreibtisch gegenüber lachte glucksend. Ich fühlte mich wie im falschen Film: Das war der Beamte, den man zugeteilt bekam, wenn man explizit nach jemandem fragte, der sich mit dem Internet auskannte? Wenn das der fähigste Mann im ganzen Haus war, konnte ich mir die Chancen meiner Anzeige bereits selbst ausrechnen.

Es sollte grotesker werden: »Sie haben bei der ersten Anzeige also schon einen Verdächtigen angegeben, bleiben Sie bei diesem Verdacht?«

»Ja, aber wie gesagt, ich kann es nicht beweisen.«

»Na, das ist erst mal egal. Aber wenn Sie keinen Tatverdächtigen nennen, wird die Anzeige ohnehin sofort eingestellt.«

Unruhig rutschte ich auf meinem Stuhl hin und her, war das hier vielleicht doch keine so gute Idee gewesen? »Ähm ... okay. Warum?«, fragte ich vorsichtig nach.

»Weil wir nicht ins Blaue rein ermitteln, Sie wissen doch, wie die Finanzlage ist, für so was hat die Berliner Polizei einfach kein Geld.«

Und er setzte noch einen drauf: »So Post kann man ja auch einfach wegschmeißen, oder nicht?« Ich wurde wütend und entgegnete, dass es damit nicht getan sei, was ich denn mit den ganzen anderen Sachen machen sollte? »Ja, na ja, wir werden mal sehen, was wir da tun können.«

Dieses Erlebnis war mehr als frustrierend – wieso schaffte ich es einfach nicht, die Polizei von der Ernsthaftigkeit meiner Situation zu überzeugen?!

Trotzdem verließ ich die Wache durchaus optimistisch. Der Anwalt hatte mir schließlich versprochen, dafür zu sorgen, dass die Anzeige nicht verschleppt wurde. Und ich würde bald wieder dort aufschlagen, um neue Beweismittel abzugeben. So leicht ließe ich mich nicht unterkriegen, erst recht nicht von einem Polizisten mit so wenig Ahnung und Einfühlungsvermögen.

In der Zeit, in der ich auf der Wache war, schickte »Klara« Toby prompt wieder eine E-Mail, die er mir weiterleitete. Er hatte gerade seine erste Kolumne auf *Stil in Berlin* veröffentlicht und »sie« schrieb ihm:

*Hallo Toby,
da ist nun dein erster Auftritt. Ein guter Beitrag, der Lust auf Mehr macht, wie ich finde. Aber denke dran, wenn Du auf Stil in Berlin einmal in der Woche schreibst, dann lieferst Du (wenn in der Woche sowieso nur fünf Beiträge erscheinen) bereits 20 % der Inhalte. Ich hoffe, das hast du bei den Honorarverhandlungen auch berücksichtigt. Frau Scherpe ist nämlich eine knallharte Geschäftsfrau, die nur auf ihre eigenen Interessen bedacht ist. (Auch wenn sie das mit einem Lächeln verpack und jeden Geschäftspartner zum besten Freund machen und umgekehrt, so lange es ihr nützt.) So sagen es jedenfalls alle aus der Brache, die mal mit ihr zu tun hatten. Ich wünsche dir jedenfalls, dass du mit allem zufrieden bist und viel Erfolg mit deiner Kolumne. Ich werde sie lesen, bestimmt. Mach es gut.
  Herzliche Grüße, Klara*

Der süßlich anbiedernde Ton der Mail jagte mir kalte Schauer über den Rücken; die pseudo-argumentative Erläuterung brachte mich zum Würgen. Was für ein Arschloch Z. doch war.

Nachdem ich auf der Wache war, ging ich zu der kleinen Postfiliale bei mir um die Ecke. Die Besitzerin grüßte mich freundlich: »Ach, hallo Frau Scherpe, ja, da ist wieder was für Sie gekommen. Ich habe ja gemerkt, dass Sie wirklich viele Briefe und Pakete hierherbekommen, ich habe die für Sie weggelegt.«
  »Ja, das ist leider gerade ein ziemliches Problem, die bestellt jemand einfach so für mich ...«, erklärte ich beschämt und mit möglichst leiser Stimme, damit die anderen Kunden nicht alles mitbekamen.
  »Kein Problem, ich dachte mir so was. Ich habe dem Lieferanten gesagt, er soll Ihnen nicht jedes Mal eine Benachrichtigung reinwerfen, sondern wir sammeln das hier. Sie kommen einmal die Woche und schauen sich das durch, in Ordnung? Und dann können wir das wieder zurückgehen lassen.«
  Ich war gerührt über so viel Hilfsbereitschaft. Sie fragte nicht nach, wer das sei oder wieso das passierte, sie nahm die Sache einfach selbst in die Hand: »Wissen Sie, mit solchen Idioten hat-

te ich auch schon mal zu tun. Noch was, wenn Sie selbst was bestellen, machen Sie einen Vermerk in die Adresse, dann weiß ich, dass Sie das wirklich haben wollen.« Ich war völlig erstaunt, das war eine hervorragende Idee, auf die ich selbst wahrscheinlich gar nicht gekommen wäre. Selbst wenn, ich hätte nie darum gebeten, zu unangenehm wäre es mir gewesen, fremde Leute in mein Problem hineinzuziehen.

Sie ging nach hinten ins Lager und holte die neuen Pakete – zwei Stück waren es diesmal, eins davon war von einer Drogen-Beratungsstelle. Das andere war vom »Hipp Baby Club«, aufgedruckt war ein kleiner Elefant, der in einer Kuscheldecke auf einer grünen Wiese lag und einen Schmetterling beobachtete. Auf dem Paket stand: »Post für Karl-Johann.« Ich fotografierte das Paket und gab es der Frau, sie würde es am nächsten Tag als »abgelehnt« dem Lieferanten zurückgeben. Nachdem ich mich bedankt hatte, verließ ich die Filiale und lief mit schnellen Schritten nach Hause.

War das gerade wirklich passiert? Hatte er wirklich ein Paket für ein Baby bestellt und dieses Baby »Karl-Johann« genannt? In meiner Wohnung schaute ich die Webseite von Hipp an, dort konnte man sich in der Tat für den »Baby Club« anmelden, als Geschenk bekam man ein Paket mit Baby-Nahrung. In dem Formular konnte man Geschlecht und Namen des Babys angeben. Z. hatte dem Baby (seinem Baby?), das er mir seit Monaten unterstellte, einen Namen gegeben. Er war verrückt geworden.

So verrückt, um am gleichen Tag, an dem er Toby die Mail schickte, allein 22 Kommentare auf dem Blog, 17 davon innerhalb von drei Stunden, zu hinterlassen. Er begann mittags ganz simpel mit:

(12:33 Uhr) *Sounds great. But what does »edited by Christian Gonzales« mean?*
(12:41 Uhr) *He's here, to stay, – So wie Darryl?*
(12:42 Uhr) *He's here, to stay, – So wie Benjamin?*
(12:42 Uhr) *He's here, to stay, – So wie Trevor?;-)*

Nachmittags redete er sich in Rage zu einem neuen TV-Format:

(14:59 Uhr) *Oh ich kann den zynischen Neid und die hasserfüllten Beleidigungen der anderen Modemädchen bis hierher riechen! »Warum haben die Arschlöcher MIR keine eigene Sendung gegeben?!«, »GENAU mein Ding!«, »Blogs, Magazine und jetzt auch noch Fernsehen? Ach komm' ey...!« Tja, da platzt euch die gut gestylte Birne, was? Jessica Weiss, Deutschlands bekannteste Modebloggerin, hat mit »It's Fashion« auf dem öffentlich-rechtlichen Sender EinsPlus jetzt sogar eine eigene TV-Show bekommen. Und obwohl ich von der Materie ungefähr so wenig Ahnung hab wie Jessie von japanischer Popmusik, darf ich sagen, dass die Journelles-Frontfrau das souverän, gekonnt und irgendwie auch ziemlich sexy hinbekommt. Respekt, Jessielein!*

Abends war klar, dass er einen besonders schlechten Tag erwischt hatte:

(19:11 Uhr) *Bezahlst du ihn wie ein Milchmädchenblogger? Darryl klagte ja damals auch sehr über die Honorare. Wir verstehen bis heute nicht, warum er sich so lange von dir hat ausbeuten lassen. Aber er sagt, er ist sehr froh, dass er nun nicht mehr für dich arbeiten muss.*

(19:12 Uhr) *Warum gibst du meine Kommentare nicht frei?*

(19:14 Uhr) *Hoffentlich zahlst du deinem neuen Kolumnisten nicht nur ein Milchmädchenblogger-Honorar. Jetzt wo doch die VW-Kohle in Strömen fließt, solltest du ihn nicht so abspeisen, wie den armen Darryl damals. Er klagte ja immer sehr. Aber wie man hört, ist er sehr froh, dass er nicht mehr für dich arbeitet.*

(19:19 Uhr) *Milchmädchenblogger?*

(19:21 Uhr) *Hoffentlich bezahlst du ihn anständig? Sollte ja kein Problem sein, wo doch jetzt die VW-Kohle ohne Ende fließt. Du solltest ihn nicht so abspeisen wie damals den armen Darryl, der sich ja nun wirklich überall über die mickrige Bezahlung beklagte. Er ist übrigens sehr froh, nicht mehr für dich zu arbeiten.*

Eine Stunde später war er über das Thema hinweg, kommentierte aber weiter:

(20:19 Uhr) *Die Kardinäle haben nicht auf dich gehört. Es ist kein schwarzer Papst geworden. (Aber zum Glück auch keine Modebloggerin. Ausgleichende Gerechtigkeit.)*

(20:27 Uhr) *Mary ist ja auch fast ein biblischer Name. Sie wie Mandy, Cindy oder Kevin.*
(20:42 Uhr) *Was hälst du von der vertraulichen Geburt?*
(20:48 Uhr) *Hast du schon einen Stil in Berlin-Aufkleber verschickt? Ladenbesitzer freuen sich riesig habe ich irgendwo gelesen!*
(20:50 Uhr) *Trevor ist aber auch ein guter Fotograf. Und auch sonst soll er einiges können, hört man.*
(20:59 Uhr) *Liebe Mary, vor einigen Tagen habe ich ihnen mehrere Emails mit ...* (Er hatte wenige Tage zuvor eine astrologische Analyse für mich beauftragt, zu der ich wiederholt Mails bekam. Eine dieser kopierte er vollständig in diesen Kommentar. Da sie über 40 Zeilen hat, belasse ich es hier bei einem Ausschnitt.)
(21:21 Uhr) *Warum löschst du meine Kommentare, Marianne?*
(21:23 Uhr) *Beautiful photos. (But I'm missing the watermarks.)*
(21:28 Uhr) *Haben die schon einen Aufkleber?*
(21:29 Uhr) *Und: Zahlst du hier die Rechnung, wenn du essen gehst oder lädt man dich aus Dank für einen wohlmeinenden Artikel hier schonmal ein?*
(21:47 Uhr) *You are welcome to Artist Night!!!*
(21:48 Uhr) *Sehen wir uns heute im King Size? Habe dich total vermisst letzte Woche?*

Damit war Schluss. Für diesen Tag.

Ich hatte den gesamten Nachmittag damit verbracht, alles, was ich je von ihm bekommen und aufgehoben hatte, rauszusuchen, zu sortieren, zu drucken und abzuheften, um der Polizei eine chronologische Übersicht schicken zu können. Stundenlang überflog ich Kommentare, scannte Tweets und sammelte SMS. Als ich am Abend nach Hause kam, war ich völlig fertig mit den Nerven und ging früh schlafen.

Am nächsten Morgen, halb sieben, bekam ich die nächste SMS: *Mary Scherpe, weißt du eigentlich, was Dein Vater damals getan hat?*

Ich entdeckte sie kurz nach dem Aufwachen, nachdem ich den Flugmodus an meinem Telefon ausgeschaltete hatte und wieder Nachrichten empfing. Mir wurde kurz schlecht, die SMS verwies

auf nichts, aber wie, zur Hölle, kam er dazu, so etwas zu schreiben? Ich unterschätzte ihn laufend, hatte ich vorher gedacht, mit »Klara« wäre er am Boden angekommen, machte er mit dieser SMS klar, dass er noch tiefer gehen würde.
Ich wusste, an diesem Tag würden weitere Kommentare und Mails kommen.
In meinem Keller stapelte sich die Post.
Ich war müde und mürbe.
Wo würde das alles enden?

Ich konnte mich auf nichts konzentrieren, versuchte, mich abzulenken, aber hatte nur diesen Mist im Kopf. Ich ging laufen, dabei konnte ich am besten nachdenken. Und oft hatte ich dabei die besten Ideen – dieses Mal war es eine, die ich vor einigen Monaten schon einmal hatte: Ich musste das Zeug nach draußen bringen. Als es im Juni des letzten Jahres begonnen hatte, war mein erster Impuls, es öffentlich zu machen. Ich wollte über soziale Netzwerke andere davon wissen lassen, dass es jemanden gab, der mich schikanierte und mir schaden wollte, und ihm so den Wind aus den Segeln nehmen. Damals ließ ich mich von dem Argument, dem Problem damit nur mehr Aufmerksamkeit zu geben und es so zu verschlimmern, abhalten. Jetzt, Monate später, hatte sich jedoch gezeigt, dass jeder andere Versuch, mich zu wehren, erfolglos war. Anstatt Z. mit Ignoranz so lange zu strafen, bis er aufgab, hatte ich ihn damit wahrscheinlich nur angestachelt: Womöglich reizte ihn mein Schweigen lediglich dazu, fiesere Taktiken auszutüfteln, denen ich endlich nachgeben würde.
Die Idee, seine Attacken zu veröffentlichen, gefiel mir sofort. Geschichten zu publizieren lag mir, ich machte nichts anderes in meinem Blog. Die Idee gefiel mir so gut, dass ich allein beim Gedanken daran bessere Laune bekam. Die letzten Tage waren besonders hart gewesen, seine Nachrichten wurden zunehmend widerwärtiger, aber ich konnte nichts anderes machen, als sie stillschweigend hinzunehmen, zu sammeln und abzuwarten.
Aber was würde passieren, wenn ich alles online stellte? Pro-

vozierte ihn das, machte ihn das vielleicht rasend, so dass es vollends eskalierte? Welches Licht würde diese Veröffentlichung auf mich werfen? Und wer würde es lesen, und vor allem, warum?

Ich saß wieder am Tisch in meiner kleinen Küche, es war ein weiterer trüber Märzmorgen mit viel Schnee und wenig Licht. Einfach so den Blog starten konnte ich nicht, vorher musste ich mit anderen über diese Idee reden. Ich öffnete meinen Laptop und begann eine E-Mail zu schreiben, ich wollte sie an meine Freunde schicken, um zu fragen, was sie davon hielten. Ich schrieb:

»Meine lieben Freunde,
wie die meisten von euch wissen, gibt es seit fast einem Jahr einen Stalker in meinem Leben. Ich habe versucht, mich dagegen zu wehren, aber nichts funktionierte. Lange versuchte ich, es zu ertragen, aber jetzt kann ich nicht mehr.

Das Unerträgliche an meiner Situation ist und bleibt meine Hilflosigkeit, sein Vergnügen ist es, immer wieder Wege zu finden, mit mir in »Kontakt« zu treten, »Teil meines Lebens« zu sein. Was dazu führt, dass ich mich stetig nur auf der Flucht befinde, stetig nur auf seine Aktionen reagieren kann, mit einem weiteren Rückzug, oder mit der Anstrengung, eben genau dies nicht zu tun, weiter mit meinem Beruf, meinem Blog, präsent zu bleiben. Denn genau das Gegenteil wäre sein Ziel.

Und so sehr ich mir sage, dass das nicht mein Leben definiert, es nicht definieren soll, merke ich, wie mich das langsam, aber sehr sicher erschöpft, wie die Kraft zum Davonlaufen langsam ausgeht, wie mich morgendliche SMS wie *weißt du eigentlich, was dein Vater damals getan hat* eben doch angreifen, auch wenn ich mir jeden Tag Mühe gebe, den Abstand zu wahren.

Ich habe nun Strafanzeige gestellt, was auch heißt, dass ich von nun an alles dokumentieren muss und sollte, um der Anklage mehr Gewicht zu geben, denn neben der Verantwortung nachzuweisen, dass seine Handlungen eine beträchtliche und objektive Störung meines Alltags provozieren, ist das größte Problem, dass er sehr bemüht ist, den Ursprung seines Tuns zu verbergen. Ich persönlich bin mir hundertprozentig sicher zu wissen, wer er ist. Ich lese es in seinem Schreibstil, seinen Themen, seiner Beharrlichkeit. Es kann nur er sein, und trotz kleiner Indizien fehlt der eine große, richterlich akzeptable Beweis.

Seit langem schon habe ich den Wunsch, diese Situation öffentlich zu machen, mich nicht mehr zu verbergen und angreifen zu lassen, sondern mich bestimmt dagegen zu positionieren. Seine Sicherheit ist mein Schweigen. Sein Triumph ist meine stetige Flucht.

Ich will aber nicht fliehen, ich will nicht so tun, als sei das kein Problem. Ich dachte im gesamten letzten Jahr, Ignoranz wäre meine einzige Möglichkeit, es nicht eskalieren zu lassen. Der Anwalt hat mir jedoch jede Hoffnung genommen, mit stetiger Ignoranz wäre da was zu machen.

Ich will handeln – jetzt sofort. Und zwar schneller, als es eine Strafanzeige und der Anwalt können. Es wird Monate dauern, bis auf dem strafrechtlichen Weg etwas zu erreichen ist. Der Polizist machte mir mit seiner Aussage, ich solle die Post doch einfach ignorieren, und Berlin habe für exzessive Nachverfolgung von Internet-Straftätern auf diesem Level einfach kein Geld, nun nicht gerade viel Hoffnung.

Der einzige Weg, der mir noch einfällt, ist, alles zu veröffentlichen. Jede SMS, jeden Kommentar, jede Mail auf einen Blog stellen, so dass alle es lesen können.

Meine Hoffnung ist, mir damit eine starke, eine aktive Position zurückzuerobern, wieder das Gefühl zu haben, die Lage besser kontrollieren zu können. Und ich will nicht mehr dem weiblichen Klischee entsprechen, das erträgt und schweigt, so tut als wäre nichts, anstelle anzugreifen.

Ich gebe zu, sowohl Anzeige, Anwalt, als auch diese Idee hier, zielen auf einer Ebene durchaus darauf ab, ihn zu provozieren, ihn aus seiner Deckung zu holen, um ihn stellen zu können, um ihn unvorsichtig zu machen, so dass er irgendwann vielleicht einen Fehler macht. Ganz nach dem Motto, Angriff ist die beste Verteidigung. Ich bin mir also im Klaren, dass diese Aktion dazu führen kann oder wird, dass er noch fieser wird.

Ich weiß, das würde ihn und seine Handlungen mein Leben umso mehr bestimmen lassen, aber ehrlich gesagt, ist die Grenze eh überschritten. Ich kann die Distanz, jetzt, wo ich mich entschieden habe, ihn anzuzeigen und alles zu dokumentieren, nicht mehr wahren, es ist bereits Teil meines Lebens, das Aufschreiben, Kopieren, Abspeichern, Nachfragen, Ablehnen, Wahrnehmen. Jedes Briefkasten-Öffnen, jedes Kommentare-Moderieren, jedes E-Mails-Checken ist schon jetzt mit Angst verbunden.«

Ich schrieb diesen Text einfach so runter, die Wörter und Sätze sprudelten aus mir heraus, als hätte ich nur darauf gewartet, sie aufschreiben zu können. Als ich den Brief noch einmal las, kamen mir die Tränen. Noch nie hatte ich meine Situation so ehrlich geschildert, noch nie den Tatsachen so eindeutig ins Auge gesehen – aber alles, was da stand, war wahr. Jeder andere Versuch, mich zu wehren, hing von der Gunst anderer ab – von der Fähigkeit des Anwalts, der Motivation der Polizei, der Verantwortung der Firmen hinter den sozialen Netzwerken und so weiter.

Der Druck auf mich war immens hoch geworden, dank dieser Idee sah ich das erste Mal seit sehr langer Zeit einen Ausweg, dem ich vertraute. Der Blog wäre mein Werk, hier hatte ich die Kontrolle und würde endlich wieder entscheiden, was passierte.

Mit dem Brief wollte ich meine Freunde nach langer Zeit wieder alle gemeinsam ins Vertrauen ziehen. Ich war dazu übergegangen, die Geschichten über das Stalking zu verteilen, wenn ich überhaupt noch davon sprach. Ich erzählte nicht alles einer Person oder allen gleichzeitig, sondern Florian von den Kommentaren, Oli von den Mails, Judith von der Post und so weiter. Ich dachte, ich könnte das einer Person allein nicht zumuten. Im Laufe der Zeit sprach ich zunehmend seltener darüber. Obwohl ich wusste, dass es mir eigentlich guttat, wollte ich niemanden auf Dauer nerven und nicht ständig mitleidige Reaktionen provozieren. Diese Mail sollte dieses selbst verordnete Schweigen beenden. Es ging nicht mehr anders.

Ich traute mich nicht, sie abzuschicken.

Am gleichen Tag, später am Nachmittag, flog ich nach Wien zu Freunden. Auf dem Weg zum Flughafen nahm ich mir etwas vor, was ich lange nicht getan hatte – ich wollte das Wochenende offline verbringen. Weder meine Mails oder News checken, etwas auf Facebook oder Instagram posten, noch irgendwo sonst online erwähnen, dass ich nach Wien fuhr oder was ich dort machte. Drei meiner Freundinnen schickte ich eine SMS, dass ich das ganze Wochenende nicht erreichbar sein würde und sie sich keine Sorgen machen sollten. Ich freute mich auf die Auszeit, auch wenn ich wusste, dass diese nur temporär war. Ohne Netz wollte ich mir mein Leben nicht vorstellen.

Mit meinen Wiener Freunden verbrachte ich Donnerstag und Freitag in Kaffeehäusern und im Augarten, wir liefen am Donaukanal entlang und über den Graben, und ich aß mich an meiner liebsten Wiener Süßigkeit, dem Mohnbeugel, satt. Mein Telefon ließ ich dabei meist ausgeschaltet in der Wohnung, einen Laptop hatte ich gar nicht erst eingepackt. Ich genoss das nach den letzten Tagen der Hetze sehr und merkte, wie ich zunehmend weniger grübelte. Dabei blieb aber das Vorhaben, alle Attacken in einem Blog zu veröffentlichen, in meinem Hinterkopf. Ich wollte damit anfangen, sobald ich aus Wien zurück war, und freute mich regelrecht darauf.

Am späten Nachmittag des Samstags waren wir gerade auf dem Rückweg von einem Kaffeehaus – ich tat in Wien wirklich nicht viel anderes, als den ganzen Tag im Kaffeehaus zu sitzen –, wir liefen entlang des Rings, durch den kleinen Rosengarten des Burgtheaters, als mein Telefon, das ich mitgenommen hatte, um Bilder zu machen, mit einem SMS-Ton klingelte: *Stil in Wien wäre ja auch ganz schön, oder?*

Nirgendwo hatte ich erwähnt, dass ich in Wien war. Aber natürlich hatte er mich wieder einmal gefunden. Und sich darüber so sehr gefreut, dass er sich kaum die Zeit nehmen konnte, eine richtige Beleidigung zu formulieren. Mehr als: *Stil in Wien wäre ja auch ganz schön*, fiel ihm nicht ein. Aber er hatte mich aufgestöbert, und mich das wissen zu lassen, war das Wichtigste.

Als ich die SMS las, muss ich enttäuscht geseufzt haben.

Meine Freunde fragten, was los ist, und ich zeigte wortlos mein Handy. Sie konnten über so viel Boshaftigkeit und Schadenfreude nur den Kopf schütteln. »Wer macht so was?«, fragten sie. »Jemand mit zu viel Zeit und zu viel Hass«, sagte ich.

Wir waren vorher im Bräunerhof, das Kaffeehaus, in dem Thomas Bernhard Stammgast war. Es spielte eine kleine Musikgruppe, wir saßen zusammen um einen kleinen Tisch und aßen Appetitbrote. Es war alles ziemlich lustig und ich sehr entspannt. Ein Freund machte ein Foto mit seinem Handy und stellte es auf Instagram, darauf war ich auch zu sehen. Hatte Z. wirklich die Bilder aller meiner Kontakte – zu dieser Zeit bereits über 300 – durchsucht, um einen Hinweis zu finden? Wie lange dauerte das? Wie viel Befriedigung gab ihm allein die Suche?

Sobald ich aus Wien zurück war, legte ich den Blog bei Tumblr an. Ich gab ihm den Namen *Was passiert* und wählte die URL *Eigentlich jeden Tag*, weil *Was passiert* nicht mehr frei war. Am Ende war dies jedoch der wirkungsvollere Titel. Bis dahin hatte ich es verdrängt, aber es stimmte: Eigentlich passierte es jeden Tag.

Ich pflegte das, was ich für die Polizei abgespeichert hatte, in den Blog ein. Ein bisschen nervös war ich dabei, aber vor allem gespannt, was es auslösen würde. Es tat gut, die Bilder der Kommentare, Mails und die Fotos der mit Post gefüllten Beutel hochzuladen. Als wären sie so nicht mehr für mich, als könnte ich ihre Last so abgeben.

Erst mal ließ ich den Blog jedoch privat und schützte ihn mit einem Passwort, ich wollte ihn ausreichend gefüllt wissen, bevor er online ging. Jetzt wartete ich fast darauf, die nächsten Kommentare zu bekommen, um sie fotografieren und online stellen zu können. Das war ein völlig neues Gefühl.

Allerdings hatte ich nach der SMS in Wien zunächst nichts mehr von Z. gehört. Als ich den Blog checkte, sah ich, dass Z.s letzte Kommentare drei Tage alt waren. Alle anderen Konten waren ebenso still geblieben. Angesichts der Flut, die er in den Tagen davor rund um die Uhr losgelassen hatte, wunderte mich diese plötzliche Ruhe. Vielleicht hatte ihn meine Abwesenheit verunsichert?

Freilich war wieder Post im Briefkasten, unter anderem ein Aschenbecher, Muster für Flüssigtapeten und Inkontinenzeinlagen, aber diese Sendungen hatte er früher bestellt. Wo blieben die Kommentare und Twitter-Nachrichten? Was war nach der SMS in Wien passiert? Hatte er etwa von dem Blog erfahren? Oder konnte man auf Tumblr irgendwo sehen, dass ich einen neuen Blog angelegt hatte? Ich versicherte mich noch einmal, dass der Blog auf privat stand und nur mit einem Passwort angesehen werden konnte. Ich googelte meinen Namen und den Namen des Blogs – nichts. Hatte er meinen Computer gehackt und las meine Mails mit? Aber warum war dann jetzt Ruhe und nicht schon, als ich den Anwalt (per Mail) kontaktierte? Was war los?!

Ich traute der Stille nicht, irgendwas musste passiert sein. Am nächsten Tag bekam ich halb zwölf nachts eine E-Mail. Sie kam direkt von Z., er hatte dazu die Antworten-Funktion meiner Mail vom letzten Oktober, in der ich ihm ankündigte, seinen Namen der Polizei zu geben, benutzt. Er schrieb:

»Wie Dir bekannt sein dürfte, hat die zuständige Staatsanwaltschaft das ›Verfahren‹ gegen mich naturgemäß nach Paragraph 170 II StPO eingestellt. Mit Blick hierauf bitte ich Dich höflichst, davon Abstand zu nehmen, weiterhin öffentlich zu behaupten, ich würde Dir in irgendeiner Art und Weise nachstellen. Sollte mir dies ein weiteres Mal zu Ohren kommen, werde ich ein Verfahren wegen übler Nachrede anstreben. Auch würde ich zivilrechtliche Schritte gehen Dich einleiten. Ich hoffe sehr, dass das nicht nötig sein wird.«

Es war das erste Mal seit dem letzten Gespräch im Park, dass er mich wieder »offiziell« kontaktierte. Auf meine Mail im Oktober hatte er überhaupt nicht reagiert. Aber da er nun die Antwort-Funktion benutzte, musste er sie bekommen und gelesen haben. Wieso hatte er meinen Verdacht damals nicht bestritten? Ich stellte mir vor, ein Exfreund würde mir eine solche Mail schreiben, würde mir erzählen, dass er gestalkt würde und sich nicht anders zu helfen wüsste, als zur Polizei zu gehen. Wenn ich nichts damit zu tun hätte, hätte ich nicht wenigstens genügend Empathie, um für diesen Schritt Verständnis zu haben? Würde ich denjenigen nicht wissen lassen, dass ich in jeder Hinsicht versuchen würde zu helfen? Aber wäre das nicht auch die gerissenste Antwort, die ein Täter geben könnte, um von sich abzulenken?

Ich wusste im Übrigen nicht, dass das Verfahren »nach Paragraph 170 II StPO eingestellt« wurde, lediglich, dass es im Februar eingestellt wurde, die Nummer des Paragrafen hatte ich wohl überlesen, sie mir auf jeden Fall nicht eingeprägt. Ich las nach, der Paragraf besagt, dass, wenn die Ermittlungen keinen genügenden Anlass zur Erhebung öffentlicher Klage bieten, das Verfahren eingestellt wird. In meinem Fall eben, weil der Tatbestand der Nachstellung nicht anerkannt wurde, da die Kontaktaufnahmen des Beschuldigten »lediglich als Belästigungen«, wie der Amtsanwalt es formulierte, gewertet wurden. Ob Z. das auch wusste?

Und Z. hatte seine Hausaufgaben gemacht! Nicht nur kannte er den Paragrafen, flocht die Nummer zur Verstärkung seines Arguments in seinen Text und stellte »Verfahren« in Anführungszeichen, um zu zeigen, wie lächerlich er das alles fand; er wusste ebenso vom Unterschied zwischen Straf- und Zivilrecht und welcher Strafbestand (üble Nachrede) ihm im Fall des Falles nützlich sein würde. Gut, er schaute leidenschaftlich gern *Tatort*, vielleicht hatte er sich da einiges abgeschaut. Er war aber in jedem Fall besser informiert als ich, denn zu der Zeit konnte ich den Unterschied zwischen Zivil- und Strafrecht nicht ohne Weiteres ausmachen.

Aber wie kam er darauf, dass ich *öffentlich* behauptete, er stellte mir nach. Ich hatte doch *öffentlich* nicht einmal darüber gesprochen, dass ich gestalkt wurde. Die Diskussion auf Facebook im November, in der ich das sagte, fand in einer geschlossenen Gruppe statt (und war außerdem über drei Monate her), und auch sonst hatte ich jede *öffentliche* Äußerung vermieden.

Mit Freunden hatte ich natürlich darüber geredet, aber hätte von denen wirklich einer Z. davon erzählt? Wohl eher nicht, dachte ich mir.

Ich schickte Z.s Mail an den Anwalt, der antwortete, ich solle mir keine Sorgen machen. Selbst wenn Z. eine Anzeige erstattete, hätte diese keine Chance und würde ohne weitere Ermittlungen eingestellt. Die Mail diente lediglich als Drohung, deswegen war sie so präzise formuliert. Er riet mir jedoch, zukünftig gegenüber Freunden, die mit Z. bekannt sein könnten, von Vermutungen abzusehen, da Z. jede Anzeige als Triumph interpretieren könnte.

Ich sollte also weiterschweigen, während er mir drohte.

Woher Z. von meiner Vermutung wusste, erfuhr ich erst später. Ich telefonierte mit meiner Hamburger Freundin Katja, die den Spuk zum großen Teil mitbekommen hatte und Z. vom Sehen kannte. Reichlich aufgeregt erzählte sie mir, dass sie etwas beunruhigte. Wenige Wochen zuvor hatte sie Z. auf einer Veranstaltung getroffen. Katja war dort mit ihrer Freundin Annika. Z. interessierte sich augenscheinlich für diese, und Katja bemerkte das. Vorsorglich ließ sie Annika gegenüber die ein oder andere vorsichtige Bemerkung fallen, in der Hoffnung, dass sie Z.s Annäherungen abweist.

Als Z. begann, Annika über Facebook zu kontaktieren, warnte Katja sie sofort ausdrücklich vor ihm. Dass ich ihn als Stalker verdächtige, erzählte sie nicht, denn sie hoffte, Annika würde ihrem freundschaftlichen Rat auch so folgen. Samstagnacht, an meinem Wien-Wochenende, sieht Katja die beiden: Z. und Annika sitzen zusammen in einer Bar in St. Pauli. Katja kann ihren Augen kaum trauen, ist gleichzeitig überrascht, enttäuscht und besorgt. Und kann nicht anders, als in die Bar zu marschieren und Annika für ein Gespräch mit vor die Tür zu nehmen. Dort stellt sie sie zur Rede: »Du hast doch gesagt, du hast keinen Kontakt mehr mit dem?«

»Hatte ich auch nicht, aber der schrieb mir immer weiter SMS.«

»Und wieso seid ihr jetzt hier zusammen in der Bar?!«

»Er wollte heute wissen, was ich mache. Ich hab's ihm geschrieben, und fünfzehn Minuten später taucht der da auf. Wir haben uns unterhalten, und dann wollte ich was trinken gehen, und er kam mit. Ich kann doch auch nichts dafür.«

»Annika, der Typ ist irre!«

»Ja, aber wieso denn ...?«

Also erzählte sie ihr von meiner Vermutung.

Ich konnte es ihr nicht verübeln; als sie mir sagte, dass Annika mit Z. Kontakt hatte, war ich sofort in Sorge, sie könnte sein nächstes Opfer werden, und das wollte ich mit Sicherheit nicht. Ich hatte oft gelesen, dass Stalker aufhören, wenn sie ein neues Opfer finden, und darauf zu warten, habe ich bereits mehr als einmal als eine Art Tipp zu hören bekommen – ich fand die Vorstellung, dass ich lediglich Geduld haben müsste, bis er sein Zielobjekt wechselte, allerdings nie besonders beruhigend.

Katja rechnete nicht damit, dass Annika Z. erzählen würde, dass ich ihn verdächtigte (und vielleicht benutzte Annika es am Ende sogar als Grund, den Kontakt ganz abzubrechen, wer weiß). Ganz sicher sein, ob sie es ihm gesagt hatte, konnten wir uns nicht. Vielleicht war diese zeitliche Überschneidung – der Stalker stellte seine Tätigkeit schließlich an dem Wochenende ein, als Katja Annika und Z. in der Bar sah und ihr deshalb von meinem Verdacht erzählte – ebenfalls ein Zufall.

Auch wenn die Frequenz niedriger wurde, ganz aufhören konnte Z. zu dem Zeitpunkt nicht mehr. Er schickte mir in den nächsten Tagen hin und wieder eine Nachricht, weit weniger als zuvor, aber wie immer war das nur von kurzer Dauer.

In der Nacht zum 25. März legte er mit sieben Kommentaren auf dem Blog wieder richtig los – ich hatte ein recht albernes, animiertes Bild, auf dem ich auf Hawaii Hula tanzte, auf den Blog gestellt: *Hoffentlich konntest du erfolgreich ein paar Tatort-Zuschauer von Twitter auf deinen verknöcherten Körper umleiten. Du solltest dringend mehr Linsensalat essen – sonst ist das letzte bisschen weibliche Figur bald auch noch abgemagert. Ästhetisch ist dieses Filmchen ja nicht.* Kurz zuvor hatte ich im *Zeit Magazin* ein Rezept für Linsensalat veröffentlicht. Er hatte das – natürlich – mitbekommen. Eigentlich ging es bei dem Videoeintrag jedoch weniger um mich als um eine Liste an Blogs, die über Berlin schrieben: *Die Tumblr-Blogs sind übrigens ziemlich langweilig. Da haben wir schon lustigeres gesehen,* ließ er mich dazu wissen.

Inzwischen wurden seine Kommentare vom Spam-Filter auf dem Blog gelöscht, ich musste sie regelmäßig aus dem Mülleimer fischen, da ich sie ja der Polizei präsentieren wollte. Ich fand Sachen wie: *Am Ostersonntag die Picknick-Page liken, aber niemanden haben der mit dir in den Engtanztunnel geht. Was für ein trauriges Leben, Marie.*

Oder: *Kommst du dir nicht langsam albern vor, wenn jeder Blogbeitrag zur Hälfte aus dem Gejammer über das Berliner Wetter besteht?*

Und: *Hast du dir hier auch eine neue Brille ausgesucht? Dein viel zu großes Eulen-Modell sieht wirklich zu sehr nach Hausmutti aus.*

Seine Schikane hatte wieder volle Geschwindigkeit aufgenommen. Ich machte von allem einen Screenshot, speicherte den in meinem Ordner ab und lud ihn zusätzlich auf den Blog hoch. Allerdings beließ ich diesen passwortgeschützt, ich wollte mit dem Schritt, an die Öffentlichkeit zu gehen, noch warten.

Als nächsten Streich begann er, mir Artikel per Mail zu empfehlen und dazu die Identität meiner Freunde anzunehmen – das ging ganz einfach, fast jede Nachrichtenseite im Internet bietet diesen Dienst an, bei dem man eine beliebige E-Mail-Adresse als Absender eintragen kann. So schickte er mir im Namen einer Freundin und Redakteurin, für die ich oft arbeitete: *Dein Korea-Reisebericht war ja wohl für'n Arsch. Dafür schickt man dich nun zwei Wochen dorthin, um ein paar schlechte Zeilen zusammenzuschreiben, die man auch aus einem Reiseführer abschreiben könnte? Das war wirklich eine ziemlich schlechte Leistung von dir. Auch die Fotos waren nicht so doll. Das nächste Mal nehmen wir einfach Pressefotos und lassen die Praktikantin etwas aus einem Reiseführer abschreiben.*

Oder, ebenso in ihrem Namen, zu einem Video über die Bildersuche von Google, in dem ich ein kurzes Statement abgab: *Du solltest dich öffentlich wirklich nur noch zu Dingen äußern, von denen du eine Ahnung hast. Also gar nicht mehr.*

Und es ging auf allen Kanälen weiter. Morgens schickte er mir die SMS: *Warum wehrst du dich so gegen dein Coming-Out?* Mittags fand ich Kataloge für Babyartikel, christliche Zeitschriften und politische Informationsblätter im Briefkasten. (War das wieder ein Ausdruck seines geheimen, bürgerlichen Wunschs nach einer Familie?) Dann sah ich in den Kommentaren auf dem Blog: *Wir stehen auf der Gästeliste (Wir werden dann, wie immer, mit dir auf gut Freund machen. Küsschen!).* Und im Büro bekam ich eine Mail des Büros des Berliner Beauftragten für Datenschutz und Informationsfreiheit, weil »jemand« meinen Blog angezeigt hatte, da darin ein Passus in der Datenschutzerklärung fehlte. Wer das wohl war …

Als er in den Kommentaren auf meinem Blog und auf Twitter von einer abgesagten Segelreise zu schwafeln begann, ahnte ich wieder Böses. In der Tat war kurz zuvor eine Segelreise mit Fotografiekurs, den ich halten sollte, storniert worden, weil nicht genügend Interessenten zusammengekommen waren. Ich hatte mit dem Zustandekommen der Reise nicht gerechnet, da ein Platz über 1000 Euro kostete und sich mindestens acht Teilnehmer finden mussten. Aber wieso wusste er davon? Ich schrieb die Veranstalter an, und tatsächlich hatte es einige Tage zuvor eine merkwürdige Mail gegeben. »Nils Gutjahr« fragte nach, ob die Reise zustande käme, er würde gern mitfahren. Allerdings könne er über die Kursleiterin gar nichts weiter finden, ob sie denn eine ausgebildete Fotografin sei und genügend Erfahrung hätte.

Ich rollte mit den Augen, als ich diese Anfrage las. Natürlich steckte Z. wieder dahinter. Ich konnte nur müde lächeln – stumpfte ich ab? Aber eigentlich wurde es nur unerträglicher.

Z. war auf der Jagd, er durchkämmte alles, bis er eine Spur von mir hatte, und ballerte drauflos. Ich erkannte jeden seiner Angriffe sofort, aber was nützte das, wenn er ständig seine Position und sein Ziel wechselte? Wenn er begann, auf andere zu schießen? Was käme als Nächstes?

Überraschend erhielt ich eine Vorladung für eine Aussage bei der Polizei. Beim ersten Mal war dies nicht notwendig gewesen, ich kommunizierte den Fall lediglich über Briefpost. War das ein Zeichen, dass die zweite Anzeige ernster genommen wurde?

Am 8. April saß ich ab neun Uhr morgens in einem schmucklosen Raum einem Beamten gegenüber und sollte die gesamte Geschichte erzählen. Ein weiteres Mal. Der Polizist unterbrach mich, als ich ihm die erste Frage beantwortete – langsamer sollte ich reden, damit er mitschreiben konnte. Er saß an einem alten Computer, und während ich ihm stockend meine Erlebnisse schilderte, tippte er im Zweifingersystem mit. Fünf Minuten nachdem wir begonnen hatten, wusste ich, dass das Gespräch sehr lange dauern würde ...

Also erzählte ich mal wieder alles über meine Beziehung zu Z., wie ich ihn kennenlernte, dass es schwierig war, von der Trennung und der Zeit danach, als er nachts vor meiner Tür stand und meine Freunde kontaktierte. Ich berichtete von dem letzten Gespräch auf der Parkbank, bei dem er mir sagte, ich sei paranoid. Von den ersten Konten bei Instagram, Foursquare, Twitter und Tumblr. Und davon, wie es mehr und böser wurde. Ich listete jedes einzelne Indiz auf, das ich gesammelt hatte: die zeitlichen Überschneidungen, die Beobachtung meiner Bekannten im November, die Themen, die stets die gleichen waren, die Dinge, die er mir schrieb und die er nur wissen konnte, weil er mich kannte. Ich erzählte, dass Z. selber große finanzielle Probleme hatte und bei seinen Eltern wohnen musste. Ich zählte die Bestellungen für eine von ihm erdachte Schwangerschaft, ein von ihm erdachtes Baby, ein von ihm erdachtes Haus auf. Am Ende fragte mich der Polizist, ob ich mit anderen Personen Konflikte hätte – »Mit niemandem, der sowohl einen Grund als auch die Kenntnisse hat, mich so lange und in so einem Ausmaß zu schikanieren«, antwortete ich eindeutig und selbstbewusst. Ich war mir sicher.

Der Beamte druckte meine Aussage aus, damit ich sie lesen und unterschreiben konnte; zehn Seiten hatte er insgesamt getippt. Es war mittlerweile fast zwölf Uhr. Ich las mir jede Seite durch und korrigierte Einzelheiten. Am liebsten hätte ich den Polizisten gefragt, ob er mir glaubte, dass Z. der Täter sei. Das war meine größte Sorge. Aber ich wusste, dass er mir darauf keine ehrliche Antwort würde geben können. Stattdessen fragte ich: »Glauben Sie, meine Anzeige wird Erfolg haben?« – »Das lässt sich schlecht vorhersagen, im Moment sieht das alles sehr schlüssig aus. Aber am Ende liegt das in der Hand der Amtsanwaltschaft.«

Die ausgedruckte Aussage lag vor mir, auf der letzten Seite fügte ich hinzu, dass ich Z. anvertraut hatte, dass ich manchmal meine Nase zu groß und meine Haut zu schlecht fand. Dass er mich deswegen damit immer wieder verletzen würde. Dass er auf diese vermeintlichen Komplexe abging, weil er meinte, mich damit treffen zu können. Mir war dieses Detail peinlich, ich wollte dem Beamten eigentlich nichts davon sagen. Aber die Anzeige sollte nicht noch einmal daran scheitern, dass ich mich zu sehr schämte.

Ich verließ die Wache erleichtert und erschöpft; ich hatte alles erzählt, jetzt würden die Ermittlungen ihren Lauf nehmen. Der Beamte hatte verständnisvoll und geduldig reagiert, mich weder

gefragt, warum ich noch bloggte, oder irgendwie sonst meine Ernsthaftigkeit in Frage gestellt. Ich fühlte mich auf dem richtigen Weg. Vielleicht tauchten die Beamten demnächst bei Z. auf, und dann wäre es endlich vorbei?

Aber zunächst ging es natürlich weiter, ich bekam SMS wie: *Langweilst Du Dich bei Monki auch sehr sehr wie alle anderen? Sehen wir uns später im King Size? Würde mehr sehr freuen, G.,* während ich auf der genannten Veranstaltung war. Das Kürzel G. am Ende las ich schon kaum noch, ich steckte das Telefon weg und ging natürlich dennoch in die Bar.

Ich wollte mein Leben nicht von ihm bestimmen lassen und stellte den Screenshot der SMS stattdessen auf den Blog, der sich langsam, aber sicher füllte. Noch wusste ich nicht, wann und wie ich ihn publik machen könnte. Meinen Blog *Stil in Berlin* wollte ich aus der Sache heraushalten, das Stalking sollte nicht auch noch diesen Teil meines Lebens überschatten ...

Ich grübelte noch darüber nach, wie und wann ich den Blog veröffentlichen könnte, als ich am 15. April um halb sieben Uhr abends einen Kommentar auf meinem Blog fand. Z. hatte ihn unter meinem eigenen Namen abgegeben, das hatte er bisher nie getan, aber anhand des Tons wusste ich (wieder) sofort, dass er es war: *Gestern zufällig FAS gelesen? Da gab es eine Kurzgeschichte über eine Mary, die ein Modeblog hatte, Kunstgeschichte studiert und sehr unsympathisch ist. Bist du das?*

Ich hatte die *FAS* nicht gelesen, und auch sonst hätte ich den Kommentar lediglich in den Ordnern für die Polizei abgespeichert und verdrängt. Aber in diesem Fall brachte die Überprüfung der IP-Adresse, die mit dem Kommentar gesendet wurde, etwas Neues zutage. Nachdem ich am Anfang jeden einzelnen Kommentar kontrolliert und gemerkt hatte, dass alle anonymisiert waren, machte ich inzwischen nur noch Stichproben. Warum ich gerade diese IP-Adresse ins Suchfenster der IP-Tracking-Webseite eingab, kann ich nicht mehr sagen. Anstatt auf der Ergebnisseite jedoch wie üblich die Adresse des TOR-Servers zu sehen, tauchte ein anderer Ort auf: Hamburg.

Mein Herz schlug sofort schneller. Der Kommentar kam eindeutig aus Hamburg, Z. musste vergessen haben, das TOR-Netzwerk zu benutzen. Ich schaute auf Z.s öffentliches Twitter-Konto, fünf Minuten bevor der Kommentar auf meinem Blog einging, hatte er getwittert: *Alle Ähnlichkeiten mit lebenden Personen und realen Handlungen sind rein zufällig. #FAS.*

Damit musste er den Artikel meinen – so eine Überschneidung konnte doch jetzt kein Zufall mehr sein!

Ich kopierte den Kommentar, die IP-Adresse und das Suchergebnis und schickte alles an meinen Anwalt und den Polizeibeamten, der meine Aussage aufgenommen hatte. Schließlich wusste ich von Letzterem, dass IP-Adressen in Deutschland (nur) sieben Tage gespeichert werden, ich musste schnell sein. Ich hängte eine Auflistung der Tweets und Instagram-Bilder, die Z. am selben Tag auf seinen eigenen Konten hochgeladen hatte, ebenfalls an. Neun Nachrichten und Fotos hatte Z. mit Ortsmarkierung ins Netz gestellt – vom Biertrinken im Sternschanzenpark bis hin zu Videotheken in St. Georg. Für mich war die Verbindung klar.

Ich war so aufgeregt über den Fund und meine kleine Beweiskette, dass ich fast lächeln musste, als ich auf »Senden« klickte – war das endlich der fehlende Beweis, würde das Z. zur Strecke bringen?

Ich hörte in den kommenden Tagen allerdings weder von meinem Anwalt noch von der Polizei, und meine Euphorie verblasste langsam. Rechnete ich vielleicht mit einem Anruf, in dem mir der Beamte gratulieren würde und mir berichtete, dass sie Z. jetzt drankriegen würden? Das zwar nicht, aber dass sich mein Optimismus nicht übertrug, war durchaus enttäuschend. War Z.s Fehler am Ende gar keiner?

Vier Tage später hinterließ Z. den gleichen Kommentar noch einmal: *Am Sonntag FAS gelesen?* Er hängte auch die URL des Artikels auf der Seite der *FAS* dran, leider verwendete er aber wieder eine anonymisierte IP-Adresse.

Weil ich sonst nicht viel tun konnte, klickte ich die Adresse des Texts. Der Titel war »Marie Mary – Eine Erzählung vom Liken und Loven« und die Kurzgeschichte begann so: »Sie heißt Marie Angelika, so hat man sie getauft (›Angelika‹ nach ihrer Oma mütterlicherseits), aber alle sagen ›Mary‹ zu ihr, und sie ist eines der glücklichsten Mädchen des Planeten Erde. Sie hat sehr viel, sie weiß sehr viel, und manchmal kann sie es selbst kaum glauben: dass ihr Leben sich zu einer derart funkelnden Verheißung entwickelt hat ...«

Das war alles, was auf der Website stand, für die Fortsetzung brauchte man einen Zugang zum Archiv, der Geld kostete. Ich wollte weder meiner Paranoia nachgeben noch Z.s fiesen Nachrichten wegen zwei Euro für den Text bezahlen. Aber komisch fand ich es schon, dass es hier um eine Frau ging, die eigentlich Marie Angelika heißt, aber von allen Mary genannt wurde. Der Stalker hatte das erste Konto bei Instagram erst Marie, dann Marianne genannt. Für die Bestellungen, die er für mich aufgab, verwandte er den Namen Marie oder Marianne abwechselnd mit meinem richtigen Namen, religiöse Schriften ließ er hingegen oft an den Namen Marianne Angelika Scherpe schicken. Ich hielt das bisher für einen weiteren Versuch, mir vorzuwerfen, dass ich vorgab, jemand zu sein, der ich nicht war. Aber steckte vielleicht mehr dahinter?

Hatte dieser Text wirklich etwas mit mir zu tun? Meinte die *FAS*-Autorin, Katja Kullmann, tatsächlich mich!? Aber wieso, ich kannte sie doch gar nicht, kannte sie mich etwa? War sie am Ende noch ...?

Ich ließ mir den Artikel von einer Freundin schicken und las ihn atemlos. Mit jeder Zeile wurde klarer, dass ich hier nicht gemeint war. Zwar teilten Katjas Figur und ich den Namen, das Studium der Kunstgeschichte und die Tatsache, dass wir bloggten. Aber ihre »Mary« füllte ihren Blog mit Fotos von sich in hübschen Kleidern und Posen, die ihr Boyfriend vor hübschen Hintergründen von ihr machte. Die Mischung aus Fotograf und Boyfriend nannte Kullmann »Boygrapher«, außerdem gönnte sie ihm einen makabren Zeitvertreib – seine kleine Rache war es, »Mary« auf den Bildern mit Photoshop fett zu machen oder ihr einen Bart aufzumalen.

Ich schämte mich ein bisschen, die Autorin zumindest ganz kurz verdächtigt zu haben. War ich jetzt wirklich so paranoid geworden, dass ich dachte, Kullmann, von der ich vorher nur selten gehört hatte, würde mich stalken und sich mit einem Text in der *FAS* zu erkennen geben? Z.s andauerndes Stalking hatte mich so zermürbt, dass ich jetzt beinah solch absurden Theorien anheimfiel.

Noch verrückter war allerdings, dass Z. selbst wirklich dachte, in dem Text ginge es um mich (und mich deshalb damit ansteckte). Das Lesen des Textes muss ihm eine irre Freude gemacht haben. Ich kann ihn vor mir sehen, wie er am Sonntag im Café sitzt, die Kurzgeschichte entdeckt und beim Lesen große Augen bekommt. Wie es ihm im Bauch kribbelt bei der Idee, dass die Autorin hier über mich schreibt; er jemanden gefunden hat, der auf seiner Seite ist. Wie er sich daran ergötzt, zu lesen, wie sie sich über die dumme Oberflächlichkeit und arrogante Selbstüberschätzung ihrer Figur mokiert. Eben diese Vorwürfe machte er mir ja wiederholt. War er so aufgeregt, ja gar so erregt, dass er seine sonstigen Schutzmaßnahmen vergaß und einfach draufloskommentierte?

Nicht nur das. Er konnte auch nicht an sich halten und musste Kullmann anschreiben. Er hinterließ auf ihrem Blog (auf dem der Text nie erschienen war) einen Kommentar: *Ein schöner Text. Hat dabei eine Rolle gespielt, dass es wirklich eine sehr bekannte Berliner Modebloggerin gibt, die Mary heißt, Kunstgeschichte stu-*

diert hat und ziemlich unsympathisch und egozentrisch ist? Oder ist das tatsächlich nur ein Zufall?

Er benutzte für den Kommentar die gleiche Mailadresse wie für die Nachfrage bei dem Veranstalter der Segelreise, nannte sich nun aber nicht »Nils Gutjahr« sondern »Nora«. Kullmann schaltete den Kommentar nie frei, schickte ihn mir allerdings, als ich sie auf die Geschichte ansprach. Ich wollte wissen, wie sie auf den Namen »Mary« kam, woher die Ähnlichkeiten kamen. Auch wenn ich wusste, dass ich damit der von Z. ausgelösten Paranoia nachgab, erleichterte es mich dennoch ungemein zu hören, dass Katja mich bisher nicht kannte und bei dem Blog in ihrer Geschichte nicht mal annähernd an *Stil in Berlin* gedacht hatte.

Z.s diebische Schadenfreude und sein wachsender Irrsinn ließen ihn Fehler machen. Das war auf der einen Seite beunruhigend (was käme danach?) und auf der anderen Seite gut. Denn nur so kam ich an den Nachweis, dass der Täter von Hamburg aus agierte. Das musste doch die Verbindung sein, die der Polizei reichte! Dachte ich. Aber das hatte ich bei anderen Hinweisen, wie dem meiner Bekannten im November, auch schon gedacht – und jedes Mal stellte sich diese Hoffnung als vergeblich heraus.

Doch jetzt glaubte ich fest daran, dass diese Verbindung zumindest zu einer weiteren Vorladung von Z. führen würde. Vielleicht würde der Polizist aufgrund dieses Nachweises sogar eine Gefährderansprache vorschlagen?

Über dieses Mittel hatte mein Anwalt mich informiert. Dabei wird ein Täter von der Polizei individuell und direkt angesprochen, bevor es zur Strafanzeige kommt, um ihm klarzumachen, dass die Polizei ihn im Verdacht hat und ihn beobachtet. Mein Anwalt sagte mir, dass es sich dabei nicht um einen höflichen Hinweis handele, sondern Polizisten mit imposanter Statur dem Täter durchaus eindringlich seine Lage schilderten. Es ist eine Maßnahme zur Deeskalation, die ebenfalls gern bei jugendlichen Straftätern und Fußball-Hooligans angewandt wird. Und es sei überaus erfolgreich, versprach mir mein Anwalt. Oft ließen Stalker danach von ihren Opfern ab. Vielleicht würde das dem Ganzen ein Ende setzen?

Ich wünsche Dir noch einen schönen Abend!

Ich war überzeugt, dass die identifizierbare IP-Adresse ein Erfolg war und irgendwas auslösen würde. Aber es passierte nichts. Ich rief auf der Wache an, um zu fragen, ob meine Meldung überhaupt eingegangen sei. Durchaus, sagte der Beamte mir, aber die Ermittlungen hätten ergeben, dass die IP-Adresse zu einem Internetcafé gehörte, viel werde man da nicht machen können. Dass Z. sich in Hamburg aufhielt, bedeutete nicht viel.

Der Stalker schrieb mir immer noch: *Meine Güte, wie läufst du denn rum? Dieses Camouflage geht ja gar nicht. Und hast du mal überlegt, deine Nase verkleinern zu lassen? Die ist wirklich sehr hässlich.* Als ich ein Bild von mir bei einer Veranstaltung auf Instagram stellte.

Zu einem weiteren Video aus Hawaii schrieb er: *Vielleicht hat man dich auch nur rausgeschnitten, weil VW nicht wollte das du wieder so unsexy aussiehst wie beim Hula-Tanzen. Jungs die Autos kaufen wollen schließlich auch Frauen mit Brüsten sehen.*

Zu einem neuen Beitrag auf *Stil in Berlin*: *Warst du nur zu faul zum übersetzen oder reicht dein Englisch eben doch nicht mehr aus, sobald es sprachlich über den Anspruch einer Qype-Bewertung hinausgeht?*

Nachdem ich eine Diskussionsrunde moderiert hatte, schickte er mir diese SMS: *Die Moderation war eine Zumutung. Vielleicht hättest du einen Vodka mehr trinken müssen davor? Diane hätte wirklich mehr Kompetenz verdient gehabt. Ich finde das sehr schade.*

Oder als ich aus Spaß schrieb, auf *Stil in Berlin* gebe es bald Döner-Wochen, kommentierte er zwei Tage lang (unter anderem):
Und wann ist Dönerwoche?

Wo bleiben denn nun die angekündigten Döner?
Wir wollen Döner sehen!
Ab morgen Dönerwoche?
Wir warten ja immer noch auf die Dönerwoche. Gibt es die eigentlich auch glutenfrei?
We are hungry too. Tomorrow is Dönersday.
Gibt es da auch Döner?
Wann ist denn endlich Dönerwoche?
Als ich auf Facebook erneut eine Veranstaltung in einer Bar ankündigte, schrieb er zwei Tage lang dazu:
Ach, nun lädste mich schon wieder zur Artist Night ein. Hoffentlich legst du da nicht wieder auf. Das solltest du lieber nur in Wien machen wo dich keiner hört und dabei sieht.
Because tomorrow we will meet at King Size!
Thursday, of course.
So great. I will be there tomorrow. Hope to meet you:-)
It will be great. Hope to see you at King Size today.

In meinem Briefkasten stapelte sich weiterhin die Post, er schickte mir Stoffmuster für Babydecken mit Winny-Poo-Aufdruck und Muster für Fußbodenbeläge, Kosmetikproben und Reisekataloge; und ständig riefen mich Vertreter wegen Baufinanzierungen oder Finanzanlagen an.

Zur gleichen Zeit bekam ich von meinem Anwalt eine Kopie der Akte zur ersten Anzeige zugesandt. Ich war so neugierig, was darin stand, welche Versuche unternommen wurden, wie die Ermittlungen verlaufen waren! Und was am Ende der wahre Grund für die Einstellung war! Über siebzig Seiten umfasste sie. Wie sich herausstellte, lag das jedoch hauptsächlich daran, dass es keinen gesonderten Beweisordner gab und jede Kopie der Screenshots, die ich eingereicht hatte, mit enthalten war. Und sonst stand wenig drin: Die Ermittlungen begannen und endeten mit dem Versuch, Z.s Meldeadresse festzustellen, um ihn für eine Aussage vorzuladen. Ich hatte der Polizei lediglich den Wohnort der Eltern nennen können, dort trafen sie Z. dann an und luden ihn vor. Da er nie zu dem Termin erschien, wurden die

Ermittlungen beendet und die Anzeige der Amtsanwaltschaft übergeben, wo sie umgehend eingestellt wurde. Punkt. So schnell konnte das gehen.

Meinen Freunden lief es immer noch kalt den Rücken runter, wenn ich ihnen auf einer Party in einem Ausstellungsraum SMS zeigte wie: *Willkommen im 032c! Dreh dich mal unauffällig nach rechts um! Ich wünsche dir noch einen schönen Abend! Bis später im King Size!*

Die Nachricht sollte mir weismachen, dass der Stalker sich ständig unerkannt in meiner Nähe aufhielt. Sollte mich gruseln ob der anonymen Gefahr, die mir überall auflauerte. Aber ich rollte nur mit den Augen. Z. würde sich im Leben nicht trauen, mir wirklich zu begegnen, das war nur ein weiteres Ablenkungsmanöver. Ich fand solche Nachrichten nur dämlich. Allerdings würde diese SMS sich gut in meinem Blog machen.

Meine Idee zu dem Blog kam nicht von ungefähr – schon seit einiger Zeit verfolgte ich die sich langsam ausbreitende Diskussion über den Umgang mit Anfeindungen, die Frauen online erfuhren. In der Tat konnte man bei vielen Artikeln, in denen sich weibliche Autorinnen kritisch zu Politik und Gesellschaft äußerten, fast damit rechnen, beleidigende und diffamierende Kommentare zu finden. Zwar glaubte ich, mein Fall läge völlig anders, da Z. sich aus viel privateren Gründen rächen wollte, dennoch sah ich Parallelen.

Zum Beispiel interessiert mich die Journalistin Anita Sarkeesians seit geraumer Zeit, sie produziert eine Serie kurzer Filme für YouTube unter dem Titel *Feminist Frequency*, in denen sie TV-Serien und Filme aus feministischer Perspektive kritisiert.

Gespannt war ich vor allem auf ihr folgendes Projekt: Anita Sarkeesian wollte Videospiele auf sexistische Muster untersuchen und startete dafür einen Aufruf auf ihrem Blog, sie finanziell bei der Recherche zu unterstützen. Keiner ahnte, was daraufhin passieren würde. Sie wurde Opfer einer organisierten Hasskampagne, bei der nicht nur versucht wurde, ihre Website zu hacken, ihre Twitter- und YouTube-Konten zu sperren, sondern auch ihre Adresse und Telefonnummer in Foren mit dem Aufruf, sie zu attackieren, verbreitet wurde. Sie erhielt zahllose vulgäre Drohungen, manipulierte Bilder, ekelhafte Nachrichten und widerliche Zeichnungen – die sie nicht nur beleidigten, sondern ihr mehrfache Vergewaltigung und Mord androhten und beides in grausamen Details schilderten. Es erschien ein Computerspiel, bei dem es darum ging, Sarkeesian zu verprügeln. Diese aggressiven Attacken kamen von großen Gruppen anonymer Angreifer, die sich mehr oder weniger zufällig in diversen Internetforen fanden und organisierten. Es ging aber nicht nur darum, Sarkeesian diese Drohungen direkt zu schicken, sie wurden ebenso auf Wikipedia und YouTube gepostet und in Foren publiziert. Zum einen, um das Lob des restlichen Mobs zu erheischen. Zum anderen, damit die Inhalte öffentlich und damit suchbar wurden. Nicht nur ihr Projekt sollte zum Scheitern gebracht werden, man wollte ihren Ruf im Internet nachhaltig zerstören.

Ich konnte mir nur schwer vorstellen, wie man sich fühlt, wenn man Opfer eines solchen Großangriffs wird. Und ich bewunderte Sarkeesian dafür, dass sie nicht etwa ihr Recherche-Projekt aufgab und ihre Seite vom Netz nahm. Sie entschied sich dazu, die Angriffe öffentlich zu machen, sie zu sammeln, zu analysieren und nach Kategorien zu ordnen und sie in einem großen Beitrag auf ihren Blog zu stellen. Zeigen wollte sie damit auch, dass ihr Beispiel nur eines unter vielen war. In ihrem Beitrag schrieb sie, dass aggressives Mobbing sich im Internet zu einer schädlichen Epidemie ausgewachsen hatte, zu oft wurden gerade sexistische Beschimpfungen von Frauen nicht ernst genug genommen und unter den Tisch gekehrt. Und tatsächlich, in beinah jeder Kommentarspalte großer Publikationen findet man Schmähungen und Angriffe der niederträchtigsten Art. Werden sie dort gelöscht, verlagern sich die Attacken auf andere Dienste wie Facebook und Twitter. Die Angreifer glauben, im Netz sei jegliche Grundregel des gesellschaftlichen Miteinanders verzichtbar, meinen, die vermeintliche Anonymität erlaube rücksichtslose Angriffe. Sarkeesian veröffentlicht einen großen Teil der Angriffe auf ihrem Blog, um sich gegen sie zu wehren, denn, so schrieb sie, »das ultimative Ziel dieses Gebarens ist es, Frauen einzuschüchtern, zu verängstigen und sie auszuschalten, indem man im Internet eine Atmosphäre schafft, die ihnen gegenüber zu feindselig, giftig und verstörend ist, um es dort auszuhalten«. Zwar führte Z. seinen Kampf gegen mich allein, aber all die Beleidigungen meines Blogs, das Verhöhnen meines Schreibens und meiner Fotografie, das Infragestellen meiner Kompetenz hatten das Ziel, mich an meiner Arbeit und meinen Fähigkeiten zweifeln lassen. Nicht nur genoss er mein Leiden und labte sich an meiner Angst, er wollte Stück für Stück mein Selbstvertrauen untergraben, in der Hoffnung, dass ich mich zunehmend weniger traute, online präsent zu sein und meine Geschichten zu veröffentlichen. Damit seine Rachelust endlich befriedigt wurde.

Wie Sarkeesians Gegnern ging es Z. darum, mich zum Schweigen zu bringen. Diesen Beweggrund spürte ich bei all seinen Angriffen von Beginn an. Ich staunte über die Energie, die Sarkeesian aufgebracht hatte. Ihr war es auf diese Weise gelungen, Distanz zu den Attacken zu wahren, sie schämte sich nicht etwa und versteckte sich, vielmehr erkannte Sarkeesian, dass es hier nicht um sie persönlich ging. Nur so konnte sie die Stärke finden, die teils sehr ekelhaften Schmähungen der Welt zu präsentieren. Sie als das zu zeigen, was sie waren: ein Armutszeugnis der Absender.

Z. wollte mich mit seinen Attacken zerstören, aber sie machten genauso sein Leben kaputt. Die Demütigungen, die er wählte, sagten am Ende so viel mehr über ihn aus als über mich.

Durch ihre Veröffentlichung der Angriffe gelang es Sarkeesian nicht nur, die Täter als miese Feiglinge zu entblößen. Darüber hinaus generierte sie Aufmerksamkeit für ihre Recherche zu Videospielen, so dass sie schnell die erforderliche Summe zusammenhatte, um das Projekt fertig zu stellen. Alle drei Teile von »Damsel in Distress«, ihrer hervorragend recherchierten und argumentierten Reihe zu weiblichen Stereotypen in Videospielen, stehen online und wurden bereits millionenfach angesehen.

Die Hasskampagne zu veröffentlichen bedeutete für Sarkeesian, sie nicht auszuhalten, sondern zu benutzen, sie in etwas Positives, in das Gelingen ihres Projekts, zu verwandeln. Ich bewundere ihre Kraft sehr und kann gleichzeitig nur erahnen, wie erdrückend die psychische Belastung in dieser Zeit gewesen sein muss.

Durch Sarkeesians Artikel erfuhr ich von anderen Frauen, die diese Belästigung öffentlich kritisierten hatten, unter anderem von Laurie Penny, einer jungen britischen Journalistin, die im November 2011 den großartigen Text »A woman's opinion is the mini-skirt of the internet« verfasste. Penny postuliert darin, dass jede kritische Äußerung einer Frau im Netz gleichbedeutend mit einem Aufruf ist, sie auf die übelste Art anzugreifen. Und obwohl diese Anfeindungen in der Regel öffentlich sichtbar sind, verschließen viele die Augen vor dem Problem – sie ignorieren, welches Ausmaß die Schikane von Frauen im Internet annimmt.

Penny schreibt: »Ich würde gern behaupten, dass mich das alles nicht berührt – wäre gern eine der Frauen, die stark genug sind, diese Misshandlung einfach an sich abprallen zu lassen, was oft der Rat von denen ist, die glauben, solcher Missbrauch könne nicht verhindert werden. Manchmal denke ich, darüber zu sprechen, welche Stärke ich brauche, um bloß den Computer anzuschalten, oder welche Angst ich zuweilen habe, das Haus zu verlassen, wäre ein Eingeständnis meiner Schwäche. Die Angst, dass es irgendwie meine Schuld ist, dass ich nicht stark genug bin, ist natürlich genau der Grund, weshalb die Täter weitermachen können.«

Freilich arbeitete ich weder sonderlich politisch noch schickte Z. mir die Aufforderung, ich solle mich umbringen; jedoch kannte ich das bedrohliche Gefühl, dass jemand da draußen einen kleinkriegen will; und kannte die Bredouille, in die mich die Ratschläge, es zu ignorieren, brachten. Ich konnte mich in diesen Artikeln und den Reaktionen der Frauen endlich wiederfinden. Es erleichterte mich ungemein, dass ich mit diesem Gefühl nicht allein war.

Zu Beginn des Jahres, als ich noch immer versuchte, den Großteil der Attacken zu ignorieren, hatte sich auch etwas in der Diskussion in Deutschland getan. Im Januar veröffentlichte

Laura Himmelreich ein Porträt über Rainer Brüderle im Stern, in dem sie von den sexistischen Übergriffen des FDP-Spitzenkandidaten berichtet (»*Sie könnten ein Dirndl auch ausfüllen.*«). Die öffentliche Debatte, die sie damit auslöste, kam für sie überraschend. Natürlich wurde als Erstes ihre Glaubwürdigkeit angezweifelt und Himmelreich wahlweise als hilflos-naive Volontärin oder kalte Strategin beschimpft. Glücklicherweise endet es nicht damit. Ihre Erlebnisse wurden diskutiert, besonders auf Twitter, und viele Frauen waren froh über ihre Offenheit. Ende Januar schlug Anne Wizorek vor, alle sexistischen Erfahrungen unter einem Hashtag auf Twitter zu versammeln: #*Aufschrei* entsteht. In den nächsten Tagen kommen tausende Reaktionen von Frauen (und einigen Männern) zusammen, Erfahrungen von ekelhaften Übergriffen, anzüglichen Witzen und dummen Kommentaren, online sowie offline. Selten löst eine Diskussion so viel aus. Alle in meinem Umfeld scheinen über die Aktion zu sprechen und viele Männer zeigen sich erschüttert über die Masse an Sexismus, die Frauen täglich ertragen.

Und auch ich saß vor meinem Bildschirm, las neugierig und aufgewühlt die minütlich eingehenden Nachrichten. Sollte ich etwas hinzufügen? Meine Erfahrung hier öffentlich machen? Sagen, dass ich von einem Exfreund übel gestalkt wurde?

Ich traute mich nicht.

Wochen später, am 25. April morgens, fand ich im Briefkasten eine Benachrichtigung. Ein Paket war in dem kleinen Schuhladen in meinem Haus angenommen worden. Der Laden hatte schon einigen Trouble mit mir – als Nachbarschaftsdienst nahmen sie oft die Post an, die in der Straße nicht zugestellt werden konnte. Und als es mit den Paketen des Stalkers losging, bat ich sie, für mich keine Sendungen mehr zu akzeptieren, da sie so als »offiziell angenommen« galten und ich sie bei dem Lieferanten nicht mehr abweisen und zurückgehen lassen konnte. Also hängte der Inhaber einen kleinen Zettel mit dem Vermerk und meinem Namen an die Theke. Dann tauchte ich wenige Wochen später wieder dort auf, um ihnen zu sagen, sie müssten jetzt doch wieder die Pakete annehmen, damit ich sie zur Polizei bringen könnte. Obwohl ich ihm versuchte den Grund zu erklären, fand der Besitzer mich wahrscheinlich recht merkwürdig, vielleicht sogar anstrengend. Nichtsdestotrotz: Der Zettel wurde entfernt, und ich kam nun wieder regelmäßig, um die Post abzuholen. So auch an diesem Tag. Als ich den Laden betrat und ein riesiges Paket vor der Theke stehen sah, ahnte ich jedoch Böses. Das Paket war fast so hoch wie die Theke selbst, und natürlich war es für mich. Es enthielt: Tondachziegel. Es müssen mindestens fünf gewesen sein. Das ganze Paket wog sicher über zehn Kilogramm.

Vorher hatte ich bereits größere Pakete aus Styropor mit irgendwelchen medizinischen Testmaterialien und Muster von MDF-Platten erhalten, aber diese Sendung übertraf all das.

Ich konnte das Paket nicht einmal heben. Lust, es bis zur Polizei zu bringen, hatte ich kaum. Ich fotografierte es und bat den Schuhverkäufer, es in den Müll zu schmeißen. Er trug es mit mir bis zur Tonne, ich entschuldigte mich für den Aufwand und ging. Aus Angst, im Paket befände sich eine Rechnung, rief ich beim Absender an. Der beruhigte mich, es seien nur Muster für Ziegel, die sie gratis lieferten. Ich sagte ihm, er solle meine Adresse für alle zukünftigen Bestellungen sperren (so wie ich es immer tat), und legte auf.

Noch auf der Straße musste ich vor lauter Fassungslosigkeit lachen. Was würde Z. mir als Nächstes schicken – Kartons voller Dämmwolle? Eine Palette Kanthölzer? Bis sein (unser?) Haus fertig war? So konnte es nicht weitergehen.

**Du
hast
mein
Leben
kaputt
gemacht**

Zurück zu Hause setzte ich mich an den Laptop, öffnete mein Facebook-Profil und tippte: *Alles hervorragend. Bis auf das: eigentlichjedentag.tumblr.com*

Der Zeitpunkt war da: Ich wollte den Blog, den ich seit Wochen füllte, veröffentlichen. Das riesige Paket mit Tondachziegeln hatte anschaulich gezeigt, was mich erwartete, wenn ich mich nicht endlich zur Wehr setzte. Mein Herz schlug merklich schneller, als ich auf »Posten« klickte. Im Menü hatte ich »öffentlich« ausgewählt, jeder, der mein Profil besuchte, egal ob mit mir befreundet oder nicht, konnte diesen Eintrag sehen.

Jetzt war es raus. Alle könnten lesen, was ich seit Monaten ertrug. Und einige davon würden vielleicht ahnen, wer der Täter ist.

Er hatte mich verfolgt und beleidigt, gejagt und angegriffen – immer in dem Wissen, dass ich wenig dagegen tun könnte. Er überfiel mich aus dem Schutz der Anonymität, genoss die hilflose Situation, in die er mich drängte, und mein verzweifeltes Scheitern im Kampf gegen ihn. All das musste ich lange Zeit still aushalten. Jetzt war es damit vorbei. Ich drehte den Spieß um, zerrte ihn und seine ekelhaften Machenschaften aus seiner dunklen Ecke und legte sie auf den Präsentierteller.

Bisher wusste nur ich, welche Gemeinheiten er sich Tag für Tag ausdachte, wie viel Zeit und Energie er in diese Schikane investierte. Einzig ich kannte ihn bisher so gut, kannte seinen Schreibstil, seine Themen, seine Art und wusste deshalb sofort, wenn eine Nachricht von ihm kam. Jetzt waren alle eingeladen, Z. kennenzulernen. Ihm zuzusehen, wie er versuchte, mich zu erniedrigen, und sich dabei doch nur selbst erniedrigte.

Ich war ziemlich stolz auf mich, endlich hatte ich den Mut gefunden, den Blog zu veröffentlichen. Die Last, die ich bis dahin allein tragen musste, fiel in dem Moment, als ich auf »Posten« klickte, von mir ab. Ab sofort würde ich nicht mehr die alleinige Empfängerin sein: Der Stalker schickte von nun an seine Nachrichten an alle, die den Blog lasen.

Der Blog an sich verriet nicht viel über die Hintergründe. Ich hatte ein möglichst schlichtes Layout gewählt, die Fotos waren entweder simple Screenshots oder schnell gemachte Handyfotos. Als einziger Text stand unter dem Titel: »Seit über einem Jahr gibt es den Stalker in meinem Leben. Hier dokumentiere ich, was passiert.« Ich wollte weder Erklärungen geben noch mein Herz ausschütten, um Mitgefühl zu erzeugen. Ich brauchte eine Plattform, auf der ich diesen ganzen Mist abladen konnte; eine Müllhalde gewissermaßen, die nicht mehr ich selbst war. Seit Monaten feuerte Z. diesen Schund auf mich ab, und ich konnte nichts anderes tun, als ihn zu empfangen.

Erst verdrängte ich es, später dokumentierte ich alles und brachte es zur Polizei. Auf der Wache wollte allerdings auch niemand das Zeug haben. Ich war in den vergangenen Wochen mehrmals da gewesen, hatte die Post in Säcken und Beuteln verpackt auf den Tresen gestellt. Über neunzig solcher Sendungen brachte ich innerhalb von vier Wochen zu den Beamten. Jedes Mal, wenn ich da mit einem Stapel Post auftauchte, wusste man wenig mit mir anzufangen. Einmal packte der Dienst habende Polizist alle Sendungen in einen blauen Müllsack, und als ich vorsichtig nachfragte, ob der jetzt direkt in die Tonne ginge, versicherte er mir, das sei ein normaler Vorgang, man würde das später sortieren. Zwar war die Post damit weg, aber ob es einen Sinn hatte, der Polizei damit auf die Nerven zu gehen, wusste ich nicht. Aber ich musste es tun, schließlich war es an mir nachzuweisen, mit welcher Vehemenz Z. mich stalkte, dass es eben nicht nur »lediglich Belästigung« war.

Mit dem Blog hatte ich jetzt eine Art virtuelles Schild, seine Angriffe blieben daran kleben. Und konnten von allen betrachtet werden. Ich teilte mein Leiden mit denen, die den Blog anschauten. Und geteiltes Leid war halbes Leid, richtig?

Der erste Kommentar auf meinen Facebook-Eintrag kam fünf Minuten nach der Veröffentlichung. Eine junge Frau aus München, die ich nicht kannte, schrieb: *Ich würde das nicht veröffentlichen. Das führt irgendwo in den kranken Hirnwindungen dieser Menschen nämlich nur zu einem Gefühl der Bestätigung und spornt die noch weiter an.*

Sie löschte den Kommentar später wieder. Natürlich hatte ich damit gerechnet, dass nicht alle diesen Schritt gut finden würden und mich warnen wollten. Vor allem mit Ratschlägen wie dem, den ich so oft gehört und gelesen hatte: Auf Stalker darf man in keinem Fall reagieren.

Es folgten weitere Nachrichten, die meisten waren voller Zuspruch. Freunde und Fremde gratulierten mir zu diesem Schritt, ermutigten mich, optimistisch und stark zu bleiben, und teilten die Adresse des Blogs anderen über Facebook und Twitter mit. Am gleichen Abend sprachen mich Freunde darauf an, die bisher nichts von den Vorfällen gewusst hatten. Die meisten waren überrascht über meine Offenbarung, kaum einer hatte eine Veränderung bei mir mitbekommen. Weder hatte ich mir in der Arbeit für meinen Blog *Stil in Berlin* etwas anmerken lassen noch auf anderen Social-Media-Kanälen etwa traurige Bilder oder schwermütige Nachrichten gepostet. Es war mir fast ein Jahr lang gelungen, den Eindruck zu erwecken, es gäbe kein Problem.

Und die Freunde, die davon wussten, waren schockiert über das tatsächliche Ausmaß. Bisher hatte schließlich nur ich die volle Dimension der Angriffe mitbekommen. Viele reagierten mit Wut. Einer schlug vor, nicht nur einen Schläger, sondern gleich einen ganzen Prügeltrupp zu organisieren. Obwohl ich gerührt war ob der Fürsorge, die hinter diesem Angebot steckte, lehnte ich dankend ab. Wie gesagt: Derartiges lag mir fern.

Viel wirksamer war, dass am nächsten Tag ein Bekannter, Malte Welding, in seinem Blog über meinen Fall schrieb: »Seit deutlich mehr als einem Jahr hat Mary Scherpe einen Stalker. Dieser Satz ist im Grunde richtig und doch fürchterlich falsch, weil es klingt, als sei der Stalker etwas, das in irgendeiner Weise zu ihr gehört. (...) Es ist ein widerliches Verbrechen, die Tat eines

Feiglings, eine andauernde Obszönität. (...) Es ist nur noch eine Frage der Zeit, bis er den Preis für seine Tat zahlen wird.«

Selbstverständlich fragte ich mich, wie Z. wohl reagierte, als er sah, was ich getan hatte. Als er alle seine Taten auf dem Blog dokumentiert sah. Ob er seinen Augen traute? Wie überrascht er wohl von diesem Schritt war?

Kurz nach der Blog-Veröffentlichung wurde das Twitter-Konto von *LehMatz* gelöscht.

Z.s größte Angst muss gewesen sein, dass man ihn als Täter erkennen könnte und bald alle wüssten, wie schlecht es um ihn bestellt war, wie viel Boshaftigkeit in ihm wohnte. Ob er sich fragte, woher ich den Mut hatte? Wie es sein konnte, dass keiner seiner Angriffe auf mein Selbstbewusstsein gefruchtet hatte und ich immer noch genügend Kraft hatte, den Spieß umzudrehen?

Die Entdeckung meines Blogs und all diese Fragen müssen ihn rasend gemacht haben, so dass er mir in einem Anfall von Jähzorn eine SMS schrieb: *Und vergiss nicht, auf deiner neuen Webseite darauf hinzuweisen, daß du mein Leben kaputt gemacht hast, als du mit meinem Mann gefickt hast.*

Ob er hoffte, dass mir diese geschmacklose Diffamierung zu peinlich sei, um sie auf den Blog zu stellen? Er blamierte sich mit dieser hässlichen Schmähung doch letztlich nur selbst, bestätigte meine Vermutung, dass ihn die plötzliche Spieländerung gewaltig zornig machte. Und verzweifelt: Wie ein Ertrinkender schlug er wild um sich in der Hoffnung, mich bei seinem Untergang mitzureißen.

Ich veröffentlichte auch diese SMS.

Mir war sie nicht peinlich, denn für mich war es eindeutig, dass Z. die Nachricht in äußerster Wut schrieb – ich kannte ihn und wusste, wie er auf Provokation reagierte. Für andere war die SMS tatsächlich ein Anlass, davon auszugehen, der Täter sei eine Frau, der ich einmal den Mann ausgespannt hätte. Ich konnte diese Herleitung teilweise sogar nachvollziehen, auf dem Blog gab es kaum Erklärungen zu dem, was passierte; lediglich die Äußerungen des Stalkers, die er häufig im Namen einer oder mehrerer Frauen tätigte, fanden dort statt. Aber ich wollte mich nicht rechtfertigen.

Einige fühlten sich von dem Blog in ihrem Spürsinn derart herausgefordert, dass sie versuchten, sich aus den Äußerungen des Stalkers einen Reim zu machen. Während ich wusste, dass alles, was er schrieb, Müll war, dessen Interpretation man tunlichst meiden sollte, schien anderen das beinah Vergnügen zu bereiten: *Ich dachte erst es ist ein Typ, aber es ist eine frustrierte PR-Schnalle?*, schrieb eine entfernte Bekannte auf Facebook. *Man liest es mit Entsetzen und detektivischem Auge,* antwortete jetzt der Bekannte, der sich im vergangenen Juni schon einmal mit dem Twitter-Konto von *Marianne von Schelpe* ausgetauscht hatte. Ich war überzeugt, dass der Versuch, Z. zu interpretieren, nur scheitern könnte und gleichzeitig heißen musste, ihm auf den Leim zu gehen. Das konnte ich aber schlecht antworten.

Zwar entrüstete mich die Dreistigkeit, mit der einige meinten, Schlüsse ziehen zu können, sie ärgerte mich aber nicht so sehr wie Verniedlichungen: *Ein Stalker ist wie ein missglücktes Kompliment – irgendwie schade drum,* hinterließ ein Mann, den ich nicht kannte, unter meinem Eintrag bei Facebook. Weder hatten Z.s Angriffe auch nur im Entferntesten etwas mit einem Kompliment zu tun, noch war es lediglich *schade drum.* Während ein Kompliment, selbst wenn es missglückt ist, in der Regel aus guten Absichten gemacht wird, ging es Z. ganz bewusst und offensichtlich darum, mir rücksichtslos zu schaden.

Schlimm, aber absurd und deswegen lachhaft war der Vorschlag, *man müsse immer beide Seiten sehen,* den jemand als Facebook-Kommentar hinterließ (und später wieder löschte).

Der Vorwurf, der mich am meisten traf, war der, dass es sich bei dem Blog um einen bloßen PR-Gag handele, mit dem ich weitere Aufmerksamkeit (für mich?) generieren wollte. Allerdings stellte ich schnell fest, dass es Z. selbst war, der versuchte, diese Anschuldigung in die Diskussion einzubringen. Immer noch wollte er den Schaden von sich abwenden, indem er versuchte, andere auf seine Seite zu ziehen. Jedoch stellte er sich dabei reichlich ungeschickt an. Unter dem Namen »Nic« kommentierte er

Anfang Mai unter Malte Weldings Artikel: *Eine Bloggerin, die sehr unbeliebt ist, weil sie vielen Leuten mit ihrer arroganten Art vor den Kopf gestoßen hat, erhält nun viel Zuspruch von Leuten, die sie auch nie sympathisch fanden, und ist gleichzeitig wieder »im Gespräch«. Dafür kann man schonmal ein paar Warenproben sammeln und fotografieren, die man so erhält, wenn man ein Gewerbe angemeldet hat.* Ich erkannte ihn sofort am Schreibstil.

Nach dem Artikel auf Weldings Blog bekam ich mehrere Anfragen von Zeitungsjournalisten, die einen Artikel über meinen Fall schreiben wollten. Zu diesem Zeitpunkt hatte ich nicht vor, eine Tour durch alle Medien zu machen, um nicht zum Vorzeige-Stalking-Opfer zu werden. Mir ging es darum, dass Z. aufhörte, ich wollte meine Ruhe. Allerdings tauchten wiederholt Fragen auf, die ich im Blog selbst nicht beantworten wollte und konnte. Kommentatoren auf Facebook und Blogs wollten Details und Hintergründe, wunderten sich, warum ich keine Anzeige machte oder die IP-Adressen nachverfolgte. Das Interesse an dem Fall war groß, und ich entschied mich deshalb, ein Interview zu geben. Mir war wichtig, meinen Standpunkt klarzumachen, ich wollte auf keinen Fall als naives Opfer dargestellt werden.

Der Journalist Johannes Boie von der *Süddeutschen Zeitung* bot mir ohne Umstände an, zu einem Gespräch nach Berlin zu kommen; zudem kannte er sich mit dem Internet aus. Als Treffpunkt schlug ich ein Restaurant vor. Während des Interviews war ich dann ziemlich nervös, ich wollte meine Worte mit Bedacht wählen und musste aufpassen, nicht doch aus Versehen Z.s richtigen Namen zu sagen. Wieder kamen mir die bekannten Zweifel – würde der Journalist verstehen, was das Problem war? Würde er es verharmlosen, mir die Schuld geben oder behaupten, wer im Internet publizierte, müsste mit so etwas rechnen?

Wir sprachen lang und ausführlich, ich hatte meinen Laptop mitgebracht, um meine Ordner mit dem gesammelten Material zeigen zu können. Immer noch fürchtete ich, dass andere mein Problem nicht in seiner Gänze verstehen würden, dass man »die paar Nachrichten« doch aushalten müsste.

Drei Tage später ging ich wieder auf eine Reise, auf die ich mich wahnsinnig freute. Nicht nur, weil mein Ziel so ungewöhnlich war – auf Einladung der Deutschen Botschaft flog ich nach Usbekistan, um für Jugendliche einen Foto-Workshop zu geben –, sondern auch, weil es die erste Reise seit sehr langer Zeit war, die ich ohne Stalker antrat. Seit der letzten, rabiat formulierten SMS und dem Ablenkungsversuch auf Malte Weldings Blog hatte ich nichts mehr gehört. Die Post, die noch in meinem Briefkasten landete, musste er vorher bestellt haben. Sonst war wirklich Ruhe.

Sollte es das jetzt gewesen sein, war der Blog der erforderliche Schritt, seinem Tun Einhalt zu gebieten? Hatte ich ihn mit der Veröffentlichung aller seiner Schandtaten gekriegt? Ich traute der Ruhe nicht. Zu oft hatte er mir in den letzten Monaten gezeigt, dass er sich nicht so leicht stoppen ließ.

Trotzdem genoss ich meine neue Freiheit, machte Selfies in usbekischen Teestuben und stellte sie auf Facebook, schrieb lange Artikel über meinen Eindruck der usbekischen Hauptstadt Taschkent oder lud Bilder von alten, sowjetischen Autos auf Instagram. All das, ohne darüber nachzudenken, welche Reaktion das bei Z. provozieren würde, welche Beleidigung ihm dazu wieder einfallen würde. Denn die konnten mir nichts mehr anhaben, sie wären lediglich Futter für den Blog.

Es fühlte sich herrlich an, endlich wieder das online zu teilen, worauf ich Lust hatte. Vorher war ich hin und wieder beinah neidisch gewesen, wenn ich sah, dass meine Freunde Fotos von sich bei Partys, vor Sehenswürdigkeiten oder am Strand zeigten. Ich vermisste die Sorglosigkeit, mit der ich mich früher im Internet bewegte – ohne je naiv zu sein, ich war immer schon auf der Hut gewesen, keine allzu privaten Informationen zu teilen.

Aber obwohl ich schnell verstand, dass es egal war, ob ich Z. einen Anlass für seine Demütigungen bot oder schwieg, hatte ich mich selbst doch zunehmend eingeschränkt und bei vielen Einträgen dreimal überlegt, ob sie ihn provozieren würden und ob der Ärger es wert wäre. Diese Bedenken verschwanden langsam, und ich begann den Austausch im Netz wieder zu genießen. Zwischendrin telefonierte ich immer wieder mit Boie, um über den Artikel zu sprechen.

Am Tag meiner Rückkehr erschien dann auf Seite 3 der *Süddeutschen Zeitung* der Artikel über meinen Fall. Darüber prangte ein großes Foto von mir.

Eine erfahrene Fotografin hatte das im Foyer des Historischen Museums vor meiner Reise gemacht. Ich hatte versucht, ihr zu erklären, dass ich auf keinen Fall als Opfer gezeigt werden wollte, ich wollte eine starke Geschichte erzählen, keine verängstigte. Sie erzählte mir daraufhin von ihren eigenen Erfahrungen mit Stalking. Als ich sie bat, einige Bilder, die ich auf ihrer Kamera sah, nicht für die Veröffentlichung auszuwählen, entgegnete sie mir: »Sie wollen aber auch ganz schön viel.« Verblüfft antwortete ich: »Es geht ja auch um meine Geschichte.«

Und als hätte ich es geahnt: Das Foto über dem Artikel zeigte mich mit zusammengezogenen Augenbrauen, verschwommen durch eine Scheibe hindurch fotografiert, und hatte genau den verfolgt-beunruhigten Ausdruck, den ich vermeiden wollte. Wie bei Zeitungsartikeln oft üblich, hatte ich keinen Einfluss darauf, welches Bild ausgewählt wurde. Genau deswegen war es mir so wichtig, dass die Fotografin verstand, was ich nicht wollte. Vielleicht fand sie mich anmaßend, vielleicht war es ihr schlichtweg egal: Sie ignorierte meinen Wunsch und reichte Fotos ein, die mich mit besorgtem Blick zeigten. Ich knickte die obere Seite des Blattes mit dem Foto weg und begann zu lesen. Johannes Boie hatte meine Lage gut erklärt und ich fand, er lieferte Antworten auf die meisten Fragen.

Nach dem Erscheinen des Artikels erhielt ich jede Menge neuer Anfragen, darunter von Fernsehproduktionen, die mir helfen wollten, meinen Stalker zu finden. Sowohl Sat1 als auch RTL produzierten zu dieser Zeit ein Format, in dem Betroffenen von Experten – eine Rechtsanwältin bei Sat1, ein »Ex-Geheimagent« bei RTL – geholfen wurde, ihre Stalker zu überführen. Beide Sendungen operierten dabei natürlich mit Klischees: Die jeweiligen Opfer, meist Frauen, wurden gefilmt, wie sie hilflos durch dunkle Gassen rannten oder im Haus alle Gardinen zuzogen. So wollte ich auf keinen Fall dargestellt werden! Ich hatte keine Lust, für die Kameras mit angstverzerrtem Blick tausend Mal auf mein Handy zu starren, bis sie die Szene eindrucksvoll im Kasten hatten. Ich verstand jedoch den Leidensdruck, den die anderen Protagonistinnen haben mussten, denn ich konnte nicht verleugnen, dass mich durchaus interessiert hätte, ob das »Expertenteam« hinter die Wand aus anonymisierten IP-Adressen, die Z. schützte, hätte blicken können.

Auch die *Bild-Zeitung* fragte mehrfach direkt oder über Dritte für ein Interview an. Ich sagte jedes Mal freundlich, aber bestimmt ab, denn ich ahnte, dass ich mich gerade vor boulevardesken Darstellungen meiner Geschichte hüten sollte. Der Artikel auf *Bild.de* erschien dennoch, als Überschrift wählten sie den Text der E-Mail vom November: »Du kennst mich nicht, aber ich kenne dich – Mode-Bloggerin wird von Stalker verfolgt.« Der autorenlose Artikel war ganz im Stile der *Bild-Zeitung* furchtbar suggestiv und in vielen Details schlichtweg falsch. Natürlich war das typisch. Es regte mich dennoch auf. Und ebenfalls wie zu erwarten, waren die Kommentare unter dem Artikel hässlich. Ich hätte sie nicht lesen sollen, doch dazu fehlte mir die Disziplin. Alexander W schrieb dort zum Beispiel: *Wenigstens er kennt sie, sollte froh sein.* Und Ralf Simmer antwortete: *Das war auch mein erster Gedanke. Ich denke viel mehr an eine PR-Aktion!* Stephan Kersgens fügt hinzu: *Hauptsache in den Nachrichten sein und auf sich aufmerksam machen.* Hans H setzt nach: *Schöne Promotion. So unbekannt sie ist, so unglaubwürdig ist auch ihre Geschichte.* In diesem Ton ging es weiter, eventuell waren einige Kommentare sogar von Z. selbst, der Großteil jedoch nicht, das erkannte ich am Schreibstil.

Ich wollte gern daran glauben, dass sich solche bösen Bemerkungen nur auf der Seite dieses unflätigen Blattes fanden. Allerdings hörte ich einige Tage später über drei Ecken, dass ein Bekannter in einem Gespräch fallen ließ, ich würde *jetzt selbst mit dieser Sache Geld verdienen*. Freilich, seine Äußerung war unbedacht und vielleicht bereute er sie sofort. Nichtsdestotrotz zeigte sie mir, dass der Blog von einigen missverstanden werden wollte.

Und genau diese eine Kritik fand sich immer wieder: Bei all dem ginge es mir doch nur um Aufmerksamkeit. Intuitiv fragte ich mich, was daran falsch sei? Denn ganz offensichtlich wollte ich, dass Menschen auf den Blog aufmerksam wurden – ich hoffte ja gerade, dass die Publikation und damit die Öffentlichkeit bei der Lösung meines Problems behilflich sein würde. Als Vorwurf könnte das allenfalls taugen, wenn man mir unterstellte, ich wollte diese Aufmerksamkeit eigentlich dafür nutzen, Werbung zu machen. Als würde sich jemand so eine Geschichte ausdenken (können). Und zu welchem Zweck? Für was sollte ich mit dieser Erzählung »Promotion« machen? Die hauptsächlich männlichen Kommentatoren auf *Bild.de* fanden jedoch allein die Anmaßung, dass ich auf mein Problem aufmerksam machen wollte, fragwürdig und vor allem höchst ungerechtfertigt.

Und hatte das vielleicht auch etwas damit zu tun, dass ich als Frau diese Aufmerksamkeit forderte? Dass ich nicht schwieg und die Attacken dieses von *Bild.de* mit »ER« und »IHM« bezeichneten Stalkers ertrug, sondern aufstand und das Unrecht, das mir geschah, publik machte? Wurde mir hier unterstellt, ich machte aus einer Mücke einen Elefanten? Hielten einige meine Veröffentlichung der Angriffe nicht für mutig, sondern für übertrieben, anmaßend, gar hysterisch?

Dass man als Frau nicht überall mit offenen Armen empfangen wird, wenn man sich für eine, und dann auch noch die eigene Sache stark macht, ist nichts Neues. Die Suche nach Aufmerksamkeit als negativen Vorwurf zu gebrauchen ist klassischer Sexismus – eingesetzt, um eine Frau auf ihren Platz zu verweisen (dem ohne Beachtung nämlich), kurz – um sie zum Schweigen zu bringen. Möglich wird dieser Vorwurf erst, wenn man der Meinung ist, dass es sich für Frauen nicht schickt, Aufmerksamkeit zu verlangen. Diese Ansicht geht Hand in Hand mit der Unterstellung, dass Frauen, die sich Gehör verschaffen wollen, grundsätzlich dramatisieren und übertreiben – eben hysterisch sind. Und einige fühlen sich berufen, Frauen das in aller Deutlichkeit mitzuteilen.

Kann man sich vorstellen, dass einem Mann der Vorwurf gemacht wird, er »wolle ja nur Aufmerksamkeit«? Oder ist es nicht vielmehr so, dass es für Männer in der Regel positiv ausgelegt wird, wenn sie sich profilieren? Gelten sie dann nicht erst als selbstbewusst und gewinnend? Frauen können nach wie vor selten das gleiche Recht beanspruchen. Wenn sie dann auch noch ihre (Gott bewahre) politische Meinung im Internet kundtun, haben sie es regelmäßig mit geradezu ekelhaften Reaktionen zu tun. Zugleich ist die Auffassung, im Internet müsse man – zumal als attackierte Frau – mit »Spinnern«, egal wie widerwärtig und aggressiv sie agieren, leben, überraschend weit verbreitet.

Gerade in Blogs ist der Ton in den Kommentaren recht harsch. Die Erfahrung hatte ich mehrfach gemacht. Besonders eklatant ist die Situation bei feministischen Blogs, auf denen Frauen ihre zuweilen kontroversen Meinungen äußern. Die Diffamierungen, die sich dort in den Kommentaren finden, überschreiten oft nicht nur jede Grenze von konstruktiver Kritik oder des guten Geschmacks, sondern sind häufig gezielt auf die Verletzung und Einschüchterung der jeweiligen Autoren ausgerichtet. Eine Sammlung solcher Hetze findet sich auf der Seite hatr.org, dort werden nicht freigeschaltete Hasskommentare von feministischen und anti-rassistischen Blogs aufgelistet. Um nur ein Beispiel zu nennen: *Du bist nichts weiter als ne dumme Schlampe die mit ihrer Armee aus Kommentarnutten ihre Gehirnkotze in die Blogs pisst. Geh lieber mal arbeiten du Scheißvieh.*

Kritisiert man solche Abscheulichkeiten öffentlich, werden sie oft mit dem Recht auf freie Meinungsäußerung gerechtfertigt. Oder damit legitimiert, dass, wer sich derartig exponiere, mit solchen Angriffen rechnen und diese akzeptieren müsse. Naiv sei es, sich darüber aufzuregen, denn man könne doch nicht erst Aufmerksamkeit fordern, sich aber dann aussuchen wollen, welcher Art diese sein sollte. Im Prinzip dient eine derartige Rechtfertigung der Hetze jedoch lediglich dazu, die jeweiligen Empfänger weiter zu erniedrigen, indem man den Ernst der Lage herunterspielt und ihnen so die Grundlage nimmt, sich zu beschweren.

Klar, im Internet fällt die Formulierung von Kritik oft radikaler aus – dank vermeintlicher Anonymität, Schnelligkeit und fehlender Materialität lässt mancher sich eher zu brüsker Sprache hinreißen. Nur wenige von denjenigen, die beleidigende Worte in Kommentarfelder tippen, würden diese mit einem Stift zu Papier bringen und in den Postkasten werfen, geschweige denn es dem Adressaten ins Gesicht sagen. Nicht nur ist der Aufwand ungleich größer, es ist schlicht handfester, körperlicher und deshalb konfrontativer, und viele ziehen die einfachere und immaterielle Auseinandersetzung im Netz vor, um ihrem Ärger (auf was auch immer) Luft zu machen. Auch deshalb, weil bisher selten mit Konsequenzen zu rechnen ist.

Aber nur, weil sie »virtuell«, also immateriell sind, sind fiese Anfeindungen im Netz nicht weniger übel, erst recht nicht weniger ernst zu nehmen und auch nicht weniger bedrohlich. Der Schaden, den sie anrichten, sollte vor allem von Außenstehenden nicht kleingeredet werden. Denn er ist weit größer, als man zunächst vielleicht annimmt.

Auch wenn es sich um eine neue Technologie handelt, sind die Methoden, mit denen hier agiert wird, sehr alt. Es geht darum, Menschen und dabei, wie schon erwähnt, hauptsächlich Frauen zu beschämen und zu degradieren, um sie mundtot zu machen, zur Passivität zu verdammen oder zu vertreiben. Die Journalistin Amanda Hess veröffentlichte im Januar 2014 den großartigen Artikel – »Why Women aren't Welcome on the Internet« auf der Webseite des *Pacific Standard* und fasste damit die Diskussion zusammen. Auch sie kann von persönlichen Erfahrungen ausgehen: Eines Morgens im Sommerurlaub entdeckt sie ein Twitter-Konto, das nur darauf ausgelegt ist, sie zu bedrohen. Eine von vielen Nachrichten lautet: *Zum Glück wohnen wir im selben Bundesstaat. Ich werde nach dir suchen, und wenn ich dich finde, werde ich dich vergewaltigen und dir deinen Kopf abschneiden.*

Es ist bei weitem nicht das erste Mal, dass sie derart angegriffen wird, es benötigt auch keinen spezifischen Anlass, viel eher empfindet Hess es als Normalität, als Frau im Netz so behandelt zu werden, sobald man sich zu feministischen, politischen und gemeinhin als »männlich« verstandenen Themengebieten wie

Technik oder Computerspielen äußert. Sie nennt weitere Beispiele: Alyssa Rose, die über Beziehungen und Sex bloggt, erhielt als Antwort auf einen Artikel, in dem sie erklärt, dass sie den Film *The Dark Knight* nicht gut fand: *Du bist offensichtlich behindert, ich hoffe jemand erschießt und vergewaltigt dich dann.* Kathy Sierra für das Bloggen über Software und Programmierung: *Ich hoffe jemand schlitzt dir den Hals auf und wichst dir in die Fresse.* Als die Comedienne Lindy West sich über den Vergewaltigungswitz eines Kollegen beschwert, muss sie sich anhören: *Ich habe richtig Lust sie mit einem Absperrkegel zu vergewaltigen.*

Freilich, man kann diese Drohungen einfach als haltlos abtun und sie deshalb ignorieren – »Don't feed the trolls«, wie es dann immer so schön heißt. Oder auch »Haters gonna hate«. Oder wie Jim Pagels für *Slate.com* im Oktober 2013 schrieb: *Todesdrohungen auf Twitter sind bedeutungslos. Ihr solltet sie ignorieren.*

Lindy West veröffentlicht danach auf *Jezebel.com* einen wunderbaren Essay mit dem Titel »Don't Ignore the Trolls. Feed them until they explode« – »Ignoriert die Trolle nicht. Füttert sie, bis sie explodieren«, in dem sie einen neuen, aggressiven und konfrontativen Umgang mit dem Hass fordert. Schließlich hat sich die Ignoranz der Angriffe bisher nicht als sonderlich wirkungsvoll erwiesen.

Solche Hetze mit verniedlichenden Sätzen wie »Don't feed the trolls« abzutun hieße auch, die Folgen fatal zu unterschätzen. Es grenzt an Unmöglichkeit, von so etwas unberührt zu bleiben. Wie soll das denn gehen, bei Kommentaren wie *Ich wünsche dir das deine Freundin vor deinen Augen von einer Horde von 20 Männern schön 10 Stunden lang vergewaltigt wird und sie dann die Kehle durchgeschnitten bekommt* … oder *Wer hat dir denn als Kind 5 Schwänze in den Arsch geschoben? Du würdest sowieso keinen Mann abbekommen, so musst du dich mit einer häßlichen Lesebe begnügen* (beide von hatr.org). Auch kostet die Bewältigung Zeit und Geld. Sei es aufgrund von erforderlichen Schutzmaßnahmen oder Kosten für juristische oder psychologische Hilfe.

Neben dem Versuch, den jeweiligen Empfänger zur Aufgabe von Publikationen zu drängen, sind diese Hassbotschaften eine

Warnung an alle Leser. Sie demonstrieren anschaulich, was einem blüht, wenn man sich online meinungsstark äußert. Es führt am Ende dazu, dass Frauen online weniger präsent sein wollen und können, weil dort eine Atmosphäre der Angst herrscht, in der man sich ständig bedroht fühlt.

Ich kann es niemandem verübeln, wenn man bei diesen Aussichten zweimal überlegt, ob man sich dieser Belastung aussetzen will. Gerade deswegen muss man Frauen wie Laurie Penny, Amanda Hess, Anita Sarkeesian und vielen weiteren so dankbar sein, dass sie den Hass, den sie jeden Tag erfahren, nicht verschweigen, sondern bekannt machen. Dieser Mut ist wichtig, um auf das Problem aufmerksam zu machen, um es irgendwann zu lösen, auch wenn das in der Regel erst mal bedeutet, noch mehr angefeindet zu werden.

Auch ich rechne damit, dass ich aufgrund dieses Buches einige weniger wohlwollende Reaktionen empfangen werde. Sei es von Trittbrettfahrern, die es Z. gern gleichtun wollen oder beweisen möchten, dass sie es »besser« können. Als auch von solchen, die anschaulich demonstrieren wollen, was eine Frau, die sich derart anmaßend über Nichtigkeiten ereifert (und daraus auch noch Profit schlägt), verdient hat.

Im Oktober 2013 las ich den wenige Wochen zuvor als E-Book erschienenen Essay »Cybersexism: Sex, Gender and Power on the Internet« von Laurie Penny. Sie verfasste ihn in einem geheimen Unterschlupf, in den sie nach zahlreichen Bombendrohungen über Twitter geflohen war. Sie schreibt: »*Diese Nachrichten zielen ausdrücklich darauf ab, Frauen zu beschämen und sie aus dem Internet, dieser neuen und zunehmend wichtigen Öffentlichkeit, zu verscheuchen.*« Damit trifft Penny einen wichtigen Punkt: Das Internet ist ein öffentlicher Ort, den man nicht meiden kann und soll, weil dort heute Meinungen gebildet und Entscheidungen getroffen werden. Wenn man fordert, Frauen sollten den Hass, der ihnen dort begegnet, akzeptieren, spielt man lediglich der Misogynie der Täter in die Hände. Soll es wirklich in Ordnung sein, dass Frauen zahllose Drohungen ihrer eigenen Vergewaltigung erdulden?!

Als ich den Text von Laurie Penny auf Twitter lobte, schickte Z. mir eine Artikelempfehlung (mit meinem Namen als Absender) für eine Rezension von Pennys Arbeit von Anna Baddeley aus der Zeitung *The Guardian,* überschrieben mit: »Das neue E-Book der Journalistin und Aktivistin ist eine perfekte Darstellung der Vor- und Nachteile des digitalen Veröffentlichens.«

Auch Z. ging es in seinen zahllosen Diffamierungen meiner Arbeit, den Beleidigungen meines Aussehens und meiner Fähigkeiten darum, mich so sehr zu verunsichern und einzuschüchtern, dass ich mich zurückzog. Bei jeder neuen Veröffentlichung sollte ich Angst haben, wie er reagierte. Sein endgültiges Ziel musste sein, dass ich meine Publikationen aufgab, dass ich mich aus dem Netz drängen und zum Schweigen bringen ließ.

Lange versuchten die sozialen Netzwerke die Verantwortung für hasserfüllte Inhalte, die über ihre Plattform gesendet werden, zurückzuweisen. Mein Begehren, ein Twitter-Konto, das einzig und allein meiner Beleidigung diente, löschen zu lassen, war im Sommer zuvor wieder und wieder abgewiesen worden. Trotz mehrfacher Versuche, Twitter mein Problem verständlich zu machen, hatten sie unter der Berufung auf ihre Regeln, die weder Beleidigungen noch Drohungen verboten, die Verantwortung ausgeschlagen. Diese Position änderte Twitter erst nach massivem öffentlichem Druck im Sommer 2013. Dazu brauchte es jedoch einen großen Skandal.

Caroline Criado-Perez initiierte in Großbritannien eine Kampagne mit dem Ziel, wieder das Bild einer bekannten Britin auf den Banknoten erscheinen zu lassen. Kurz zuvor hatte die Bank of England entschieden, dass Winston Churchill Elisabeth Fry auf den neuen Fünf-Pfund-Noten ersetzen sollte (und damit keine einzige berühmte Frau die Banknoten zierte). Nach drei Monaten Kampagnenarbeit hatte Criado-Perez im Juli 2013 Erfolg: Ab circa 2017 wird Jane Austen die Zehn-Pfund-Note schmücken.

Criado-Perez erhielt bereits während der Kampagne Beleidigungen und Drohungen. Allerdings war das nichts im Vergleich zu dem, was nach Ankündigung der Austen-Note passierte: Tausende Hassnachrichten erreichten sie, allein über 80 verschiedene

Twitter-Konten beteiligten sich an der Hetze: *Diese Mösen leckende Fotze sollte mal vergewaltigt werden,* oder *Frauen die zu viel reden, gehören vergewaltigt,* gehörten da noch zu den milderen Drohungen. Manches war expliziter: *Um 23:40 wird eine Autobombe vor deinem Haus explodieren. Ich werde da sein, und dafür sorgen.*

Entgegen dem Hinweis von Twitter, solche Dinge zu »blockieren und zu ignorieren«, begann sie diese Androhungen zu retweeten, sie in ihrem Profil wieder zu veröffentlichen. Damit gelang es ihr zwar nicht, die Flut zu stoppen, aber zumindest weckte sie die Aufmerksamkeit der Medien. *The Guardian, Observer, CNN* und selbst deutschsprachige Medien wie die *Süddeutsche* und der österreichische *Standard* schrieben über die Attacken. Anstatt die Anfeindungen zu ignorieren, begann Criado-Perez, über den Hass zu sprechen und zu fordern, dass die sozialen Netzwerke, über den er verbreitet wurde, und die Polizei, aktiv wurden.

Und das gelang ihr: Die Polizei ermittelte zwei der Täter, eine junge Frau und einen jungen Mann. Sie wurden im Januar 2014 von einem britischen Gericht für das Versenden der Drohungen zu jeweils zwölf und acht Wochen Gefängnis verurteilt. Das war ein wichtiges Signal und das erste Mal, dass Personen wegen über Twitter verbreiteter Hassnachrichten von einem Gericht verurteilt wurden. Vorher konnten sich die Absender dieser expliziten Drohungen in der Sicherheit wiegen, dass sie für ihre Taten kaum belangt werden.

Auch Twitter reagierte auf die Medienberichte und auf eine große Online-Petition auf Change.org, bei der über 140 000 Unterschriften gesammelt wurden. Die Plattform sollte endlich Verantwortung in der Bekämpfung von Hassnachrichten übernehmen. Im August 2013 installierte Twitter deshalb die Möglichkeit, einzelne Twitter-Nachrichten wegen Missbrauchs zu melden. Während ich im vergangenen Sommer noch das gesamte Profil, das mich beleidigte, anzeigen musste und die entsprechenden Nachrichten regelmäßig per Mail einschickte, kann man jetzt direkt am Tweet den Missbrauch melden. Das ist nicht nur schneller, sondern vor allem effektiver. Außerdem änderte Twitter seine Regeln – seither verstoßen explizite und spezifische Gewaltdrohungen gegen die Twitter-Community-Regeln. Das heißt jedoch auch, dass Beleidigungen, seien sie noch so vehement oder beharrlich, weiterhin erlaubt sind.

Aber selbst wenn ein solcher direkter Meldebutton natürlich keine endgültige und vollständige Lösung sein kann, zeigt sich der Social-Media-Dienst hier zumindest teilweise bereit, Verantwortung zu übernehmen.

Es bleibt ein langer Weg, viele Forderungen sind unerfüllt. Um zu testen, was passieren würde, meldete ich vor kurzem einen Kommentar unter einem Foto auf Facebook. *Hässlicher Hurensohn* schrieb dort jemand unter das Bild eines Jugendlichen, sechs Leute klickten »Gefällt mir«. 24 Stunden später erhielt ich die Nachricht, dass der Kommentar nicht entfernt wurde, da er »nicht gegen die Gemeinschaftsstandards verstößt«. Was für eine Gemeinschaft sollte das sein, die vulgäre Beleidigungen als Teil der freien Meinungsäußerung begriff?

Was fällt dir ein, mich anzuzeigen?

Eines Abends, wenige Wochen nach der Veröffentlichung meines Stalker-Blogs, traf ich eine alte Bekannte, Martina. Sie hatte meinen Blog gesehen und erzählte mir, dass ihre eigene Erfahrung mit einem Stalker erst wenige Wochen vorher zu einem Höhepunkt kam. Ebenso wie ich hatte sie Probleme, die Taten zur Anzeige zu bringen.

»Aber im Prinzip war das auch ein bisschen meine Schuld, ich habe mich am Anfang selbst viel zu sehr zum Opfer gemacht«, sagte sie mir.

»Was meinst du damit?«

»Na, ich habe das alles viel zu sehr an mich rangelassen, habe mich zurückgezogen und niemandem davon erzählt. Da habe ich ihm in die Hände gespielt, das meine ich mit mich zum Opfer machen.«

Ich verstand es nicht: Das waren doch die Folgen des Stalkings und nicht etwa ihre Schuld! Es war doch beinah unmöglich, solche Angriffe zu ignorieren, und mich bestürzte, dass Martina sich vorwarf, »sich zum Opfer gemacht« zu haben. Wie hätte sie es denn vermeiden sollen, »das an sich ranzulassen«?

Natürlich interessierte mich Martinas Erfahrung sehr. Also bat ich sie, mir ausführlicher davon zu berichten. Wir trafen uns einige Tage später in einem Café, aßen Marmorkuchen und tranken in den knapp zwei Stunden, die sie für das Erzählen ihrer Geschichte brauchte, zu viel Milchkaffee. Aber nicht nur deswegen schlug mir das Herz oft bis zum Hals: Unsere Erfahrungen waren sich so ähnlich!

Ihre Geschichte begann im Herbst 2009 mit einer, so wie Martina sie nannte, »klassischen Twitter-Affäre«. Es war für sie, wie für viele andere, recht normal, neue Leute über Twitter kennenzulernen, man fand dort schnell Gesprächspartner mit den gleichen Interessen, tauschte sich unverbindlich aus und traf sich hin und wieder auf so genannten Twitter-Partys.

»Bis heute habe ich viele Freunde, die ich damals über das Netz kennengelernt habe«, erzählte sie. »Und genauso war es am Anfang mit Jörg, er schickte mir auf Facebook eine Freundschaftsanfrage. Wir hatten Dutzende gemeinsame Freunde, und deshalb fand ich nichts dabei, seine Anfrage anzunehmen. Wir haben uns Nachrichten über Facebook und Twitter geschrieben, ich fand ihn sympathisch, und deshalb begannen wir, lange Gespräche über Skype zu führen. Aber ich wollte ihn so richtig kennenlernen, an einer reinen Online-Bekanntschaft hatte ich kein Interesse. Also fuhr ich kurze Zeit später nach Düsseldorf – Jörg schrieb da an seiner Doktorarbeit. Wir haben uns auf Anhieb gut verstanden, und ich hab mich ein bisschen in ihn verknallt; auf jeden Fall wollte ich ihn wiedersehen. Also haben wir uns in den kommenden Wochen oft getroffen: Er hat mich in Berlin besucht und umgekehrt, ich hab ihn meinen Freunden vorgestellt und ließ ihn voll an meinem Leben teilhaben, so bin ich eben.«

War das nicht selbstverständlich, wenn man einen neuen Freund hatte, fragte ich mich. Sollen wir zukünftig allen neuen Männern mit Misstrauen begegnen? Was ist denn das für ein Leben?

Martina sprach weiter: »Na ja, und dann hab ich im Laufe der Zeit doch gemerkt, dass es immer wieder Missverständnisse und Komplikationen gab. Irgendwie verflüchtigte sich die anfängliche Sympathie ein bisschen zu schnell. Es war für mich schwierig, mit Jörg wirklich tiefer gehende Gespräche zu führen, zuweilen war er überfordert und reagierte verkrampft auf meine Versuche. Es war wirklich mühsam. Dann meldete er sich längere Zeit nicht – ausgerechnet über Weihnachten –, und wenn ich mich darüber beschwert hab', bot er mir an, einen Termin für ein Telefonat auszumachen. Ganz merkwürdig. Wie eine Wartenummer beim Amt ziehen. Es gab einfach andauernd Situationen, in denen ich schwer zweifelte, ob ich eine Beziehung mit ihm wirklich wollte. Jörg aber wollte mich unbedingt über Silvester besuchen! Sein komisches Verhalten vorher entschuldigte er mit einer Form von ADHS, die es ihm schwer machte, sich neuen Personen gegenüber zu öffnen. Na gut, ich ließ mich also wieder auf ein Treffen ein – und ärgerte mich schon darüber, als ich ihn am Bahnhof abholte. Wir hatten dann keine gute Zeit zusammen, es war sehr schwierig zwischen uns.

Im Januar begann Jörg dann unfassbare Mails zu schreiben, die mich in ihrer Dramatik enorm beunruhigten. Er schrieb mir, dass er mich liebe, dass ich ihm die Augen für das wahre Leben geöffnet hätte, denn sein Leben vorher sei ohne Sinn gewesen, seine Freunde verleumdeten ihn, seine Exfreundin verklagte ihn – angeblich! Das wurde mir einfach zu viel. Ich wurde richtig misstrauisch, weil seine Gefühle plötzlich so aufgeblasen waren. Diese Zuneigung konnte ich nicht erwidern und entschied mich, die Beziehung zu beenden.«

»Jörg akzeptierte die Trennung nicht«, erzählte Martina weiter, »und begann, mir haufenweise Mails zu schreiben, in denen er mich anflehte, es mir noch einmal zu überlegen; oder mich beschimpfte, dass ich sein Leben zerstöre. Er wollte wissen, mit wem ich Zeit verbrachte, überwachte alles, was ich im Netz tat, fragte mich nach allen Details aus und unterstellte mir Affären mit Personen, mit denen ich online Kontakt hatte. Als eine Art Höhepunkt stöberte er die Exfreundin eines jungen Mannes auf, mit dem ich über Twitter offen gesprochen hatte. Sie lebt in Lissabon, und Jörg begann ihr zu erzählen, dass ihr Exfreund eine Affäre mit mir hätte! Es war mir so peinlich, als ich den beiden das erklären musste.

Am Anfang versuchte ich noch, ihm meine Beweggründe zu schildern und mich zu rechtfertigen, aber irgendwann hörte ich auf, seine Mails zu beantworten, es wurden einfach zu viele. Dann blockierte ich ihn in allen Netzwerken. Das machte es nur schlimmer: Jörg schrieb mir immer mehr Mails, die zwischen dramatischen Liebesschwüren, Selbstmitleid und gemeinen Drohungen schwankten. Als ich darauf nicht reagierte, drohte er wiederholt, sich umzubringen. Das war alles total krass.

Außerdem schrieb er mir immer wieder, dass er in meinem Umfeld Leute beauftragt hätte, mich zu überwachen, und oft wusste er wirklich von Dingen, die ich ihm nie erzählt hatte«, fuhr Martina fort. »Und diese Drohungen haben gewirkt, ich habe ihm das irgendwann geglaubt. Deswegen erzählte ich nur sehr, sehr wenigen Freunden von dem Stalking und zog mich mehr und mehr zurück.

Erst später hab' ich schließlich verstanden, warum er so viel wusste. Nachdem die Anzahl der Mails nach Wochen nicht abnahm, ging ich zu einer Rechtsanwältin, die mir ein Freund empfohlen hatte. Als ich dann die Mails und Nachrichten von Jörg sammeln und drucken wollte, merkte ich, dass einige davon verschwunden waren. Er musste irgendwann meine Passwörter abgeschaut und sich so permanent Zugang zu meinen Mails und meinem Facebook-Profil verschafft haben. Bis dahin hatte ich für die meisten Dienste das gleiche Passwort. Schön doof.«

»Aber woher solltest du das auch ahnen?!«, warf ich ein.

»Klar, den Fehler mache ja nicht nur ich. Meine Nachfragen beim Mail-Provider oder bei Facebook, mit welcher IP-Adresse Jörg sich einloggte, wurden nie beantwortet«, berichtete Martina daraufhin.

Ich setzte hinzu: »Das ging mir genauso. Ich habe auch versucht, über Twitter und Instagram etwas rauszubekommen – aber nix. Die stellen sich tot.«

»Das ist beinah unverschämt und vor allem sehr frustrierend«, stimmte sie mir zu und erzählte weiter: »Der erste Termin bei der Anwältin war ernüchternd. Sie sagte mir, das sei eben ein enttäuschter Liebhaber, der kriege sich schon wieder ein. Ich solle mich wieder melden, falls es nicht aufhöre. Gebracht hat mir diese Rechtsberatung, außer einer Rechnung, also rein gar nichts.

Es wurde dann aber tatsächlich weniger«, fuhr sie fort. »Jörg schickte nur noch einmal die Woche eine lange Mail, und ich glaubte, er käme langsam wieder zur Besinnung. Und wegen einer neuen Mail geht man ja nicht gleich wieder zum Anwalt.«

»Vor allem, wenn das wieder Geld kostet«, sagte ich.

Es hatte sich aber nicht erledigt: Als ich kurz darauf einen neuen Job anfing, sah ich, dass einige meiner neuen Kolleginnen mit Jörg über Twitter in Kontakt waren«, setzte Martina fort. »Klar, ich erzählte ihnen von meinem Problem mit Jörg, damit sie keine Infos an ihn weitergaben. Meine Kolleginnen waren total schockiert und blockierten deshalb Jörgs Konten auf Twitter und anderen Netzwerken sofort. Und das feuerte ihn in seiner Wut erst richtig an: Jetzt sah er sich als Opfer einer Hetzkampagne und begann, sich lauthals öffentlich über mich, meine Kolleginnen und all das Unrecht, das ihm widerfuhr, zu beschweren. Irgendwann bekam ich mit, dass Jörg auch andere junge Frauen auf Twitter belästigte. Also nahm ich Kontakt zu einer von ihnen auf: Jana, eine junge Autorin, die oft extrem melancholische Texte für ihren Blog und Twitter schrieb, und von der Jörg sich offenbar zunächst verstanden fühlte. Als sie ihn bat, sie nicht mehr zu kontaktieren, begann er sie hartnäckig mit unzähligen Nachrichten zu drangsalieren. Und natürlich hoffte ich, Jana würde mich bei einer Anzeige unterstützen, vielleicht selbst eine erstatten und dem Fall damit mehr Gewicht geben. Jana allerdings hatte Angst. Seine Drohungen schüchterten sie dermaßen ein, dass sie glaubte, eine Anzeige würde Jörg nur noch wütender machen, und die ganze Sache würde eskalieren. Sie konnte sich nie dazu durchringen, ihn anzuzeigen, obwohl er immer weitermachte.

Ende 2010 ging ich diesen Schritt schließlich allein und erstattete Anzeige gegen Jörg«, erzählte Martina mir weiter. »Ich schrieb auf Facebook: *Das ängstliche Schweigen hat jetzt ein Ende.* Und nannte Jörg öffentlich als meinen Stalker, damit alle Freunde wissen, was los ist. Ich bin dann auf die Wache in Mitte …«

»Ach, da war ich auch«, warf ich ein. »Warst du auch bei Herrn A.?« Vielleicht war dieser Beamte ja in der Tat für alle Stalking-Fälle in diesem Bezirk verantwortlich.

»Ah, das ist ja interessant. Aber nein, ich war bei einer Frau. Eine richtige Berliner Schnoddernase war das. Sie nahm meine Anzeige auf und war auch recht freundlich. Ich hab versucht, es so ausführlich wie möglich zu beschreiben, um ihr den ganzen

Umfang klarzumachen, am Ende stand jedoch nur eine sehr verkürzte Version von dem, was ich erzählt habe, im Protokoll. Danach hörte ich nichts mehr von der Polizei«, so Martina.

»Und als ich mich Monate später traute, vorsichtig nachzufragen, wurde mir mitgeteilt, dass das Verfahren eingestellt wurde und der Brief, der mir das mitteilen sollte, als nicht zustellbar zurückgekommen sei. Aber beim zweiten Versuch, der an die gleiche Adresse ging, klappte es seltsamerweise, und ich hielt den Bescheid in der Hand.«

»Weißt du noch, von wem es unterzeichnet war? Vielleicht hatten wir ja den gleichen Amtsanwalt?«, fragte ich nach.

»Ja, es war ein Herr B.«

»Bei mir auch!«

Ich erwartete beinah, dass ihr Schreiben genauso formuliert war wie meines, bei ihr aber hieß es: »Es muss sich um ein Verhalten handeln, das durch bewusste Missachtung entgegenstehenden Willens der betroffenen Person und durch die Überwindung besonderer Hindernisse ein besonderes Beharrungsvermögen des Täters zeigt und für die Zukunft Ähnliches erwarten lässt. Die bloße – auch häufigere – Wiederholung bestimmter Handlungen wie mehrfache SMS-Mitteilungen oder Telefonate sind noch nicht als beharrlich anzusehen.«

Martina setzte ihre Schilderung fort: »Wie ich später herausfand, hatte die Polizei Jörg aufgesucht und auf seine Taten angesprochen, er beteuerte, wie leid es ihm tat, dass er nicht aus bösen Absichten gehandelt hätte, und versprach, es zu unterlassen. Damit war der Fall für die Polizei erledigt.«

Aber im Gegenteil, Jörg wurde drastischer: »Nach dem Besuch der Polizei schrieb Jörg auf Twitter, ich würde schon sehen, was ich von der Anzeige hätte. Er schickte diese Nachrichten von wechselnden Twitter-Konten, dabei nannte er selten einen konkreten Adressaten, aber ich wusste dennoch jedes Mal, wenn ich gemeint war.«

»Man lernt den Stalker eben im Laufe der Zeit gut kennen«, ergänzte ich.

»Genau, und ich hatte gelernt zu verstehen, was und wen er

meinte. Genauso spürte ich, wenn sich wieder etwas Größeres zusammenbraute, wenn Jörg sich massiv in etwas hineinsteigerte. Jedes Mal kamen daraufhin wieder seitenlange E-Mails mit Vorwürfen und Drohungen.

Nach der Ansprache durch die Polizei war es ein wenig ruhiger geworden, aber hauptsächlich deshalb, weil Jörg begann, Jana intensiver zu belästigen, indem er ihr Mails schickte, die unter anderem an mich gerichtet waren.

Dann wieder eröffnete er Blogs, um seine Lebensgeschichte im Internet öffentlich zu machen, vom Tod seiner geliebten Großmutter bis zu dem Zeitpunkt, als er mich kennenlernte«, fügte Martina hinzu. »Letzteres war in seinen Erzählungen dann immer der Anfang vom Ende, er sah den Konflikt mit mir als Grund, weshalb er seine Doktorarbeit abbrechen musste und arbeitslos wurde. Diese langen Texte löschte er oft nach drei Tagen wieder.

Mit der Zeit wurde es immer unerträglicher für mich: Jörg schickte mir lange Aufstellungen und Rechnungen über Geld, das ich ihm angeblich schuldete: Kosten für Therapie und Medikamente, Lohnausfall und Schmerzensgeld. 80 000 Euro wollte er von mir haben. Er schrieb mir, dass er Leute beauftragt hatte, mich zu untersuchen; dass er mich und Jana gleichzeitig liebte; dass alles egal sei, er könnte und würde für seine Taten jetzt ins Gefängnis gehen. Dort würde er wenigstens die Leute kennenlernen, die sein Problem draußen für ihn lösen würden.«

Das war im August 2011, Martina zeigte ihn nach dieser Mail wieder an: »Ich ging aber nicht zur Wache, sondern schickte einen langen Bericht an die Internetwache, weil ich da sichergehen konnte, dass meine Aussage exakt so im Protokoll der Anzeige stand. Ich wurde von der gleichen Beamtin wieder zur Zeugenaussage vorgeladen, diese sprach dann noch einmal mit Jörg und befragte seine Eltern. Nachdem er seine Taten zunächst zugab und gegenüber der Polizei und den Eltern wieder Besserung gelobte, versuchte er, den Spieß umzudrehen. Er beschuldigte mich, ihn öffentlich zu verleumden, eine Hasskampagne zu organisieren und sein Leben zerstören zu wollen. Die Beamtin lud sogar Bekannte von mir zur Aussage, um deren Sicht zu hören, schloss

ihre Ermittlungen damit ab und übergab die Anzeige der Amtsanwaltschaft. Aber auch von dieser Anzeige hörte ich anschließend nichts mehr. Ich hab' mich bisher nicht getraut nachzufragen. Wahrscheinlich ist sie ebenso eingestellt worden.«
»Wie frustrierend ...«, seufzte ich.
»Ja, total. Ich verstehe auch nicht, warum das so ist.
Nach der Ansprache durch die Polizei und der zweiten Anzeige zog Jörg nach Berlin; angeblich haben seine Eltern ihm eine Wohnung gekauft. Ich hörte dann aber ein Jahr nichts mehr von ihm. Ich weiß gar nicht, warum.
Aber im April 2013 stand er in einem Einkaufszentrum plötzlich vor mir. Er hielt mir ein Buch unter die Nase, sagte, ›Hier, schau mal!‹. Das Buch war ein eindeutiger Verweis auf meinen neuen Arbeitgeber. Ich hab mich einfach nur umgedreht und bin in den nächstbesten Laden gegangen. Geschockt und vollkommen fertig hab ich versucht, so zu tun, als würde ich was kaufen. Es war krass – er lief mir hinterher, sprach mich an, fragte, ob wir nicht reden könnten. Ich sagte nur: ›Lass mich in Ruhe!‹ und bin aus dem Laden raus. Von ihm weg. Er ging mir nach, rief, er wolle doch nur mit mir reden. Ich erwiderte nur: ›Lass mich in Ruhe!‹, und wurde dabei immer lauter, bis die Leute rund herum sich umdrehten. Erst da blieb er stehen und ließ mich gehen.
Ich bin zurück ins Büro gerannt, ohne mich noch einmal umzudrehen. Da hab' ich mich dann zitternd meinem Chef und den Kollegen anvertraut. Es war einfach total irre.
Nach dieser Begegnung twitterte Jörg öffentlich, dass er den ganzen Tag auf der Wiese auf der anderen Seite der Spree, gegenüber von meinem Büro, gesessen und herübergeschaut hatte. Das Wetter war gut, schrieb er.
Normalerweise verbringe ich meine Pause mit Kollegen auf der anderen Seite des Gebäudes. Aber an diesem Tag schien die Sonne, also nahm ich den Ausgang am Fluss und lief den Kilometer bis zum Einkaufszentrum. Er hat da drüben gewartet, bis ich aus dem Büro kam und ist mir nach.«
»Wer weiß, wie viele Tage er da schon gewartet hat«, warf ich entsetzt ein. »Was hast du dann gemacht?«

»Etwas Komisches, ich rief seine Eltern an. Ich hoffte, sie würden einschreiten, wenn sie wüssten, dass ihr Sohn durchdrehte. Sie waren dann auch erst mal überrascht, haben dann aber sein Verhalten entschuldigt. Sie sagten, ich müsse nur einmal normal mit Jörg reden, dann ließe sich alles klären. Schließlich wäre das alles, was er wollte, dann sei das Problem doch aus der Welt. Ob wir uns nicht einfach noch mal treffen könnten. Sie haben dann angeboten dabei zu sein, sie hatten ohnehin vor, nach Berlin zu kommen.«

»Das klingt nach einer ganz schlechten Idee ...«, entfuhr mir.

»Ja, aber ich habe mich erst mal auf diesen Vorschlag eingelassen. Es klang so logisch! Dann aber bin ich stutzig geworden, als die Eltern durchblicken ließen, sie seien zwar mit im Raum – ich hatte ein belebtes Restaurant am Alexanderplatz vorgeschlagen, weil ich dort sonst nie bin –, aber sie wären nicht mit am selben Tisch. Sie waren der Meinung, Jörg und ich sollten das unter uns klären. In dem Moment wurde mir klar, dass sie nichts verstanden hatten, und ich hab' das Treffen kurzfristig abgesagt. Jörg beschimpfte mich daraufhin wieder per Mail und Twitter. Er schrieb unendlich viele Mails, sowohl an mich als auch an Jana, die teils sehr bedrohliche Inhalte hatten.

Anstatt wieder zur Polizei zu gehen, bin ich zu einem neuen Anwalt. Obwohl ich mit der ersten Anwältin, die Jörgs Taten bloß für Liebeskummer hielt, der vorübergehen würde, eigentlich keine gute Erfahrung gemacht hatte. Außerdem hatte ich keine Rechtsschutzversicherung und war mir der hohen Kosten bewusst. Aber was sollte ich sonst tun?«

»Ja, man fühlt sich in solchen Fällen schnell allein gelassen«, bestätigte ich.

»Zwischendurch hatte ich auch mal mit einer Stalking-Beratung gesprochen, aber die sagten lediglich, ich solle abwarten und Jörg ignorieren. Da war also auch keine Hilfe zu erwarten.«

»Unglaublich. Dass selbst eine spezialisierte Beratung so etwas sagt!« Ich war wirklich entsetzt.

»Der neue Anwalt ging die Sache total pragmatisch an und klärte mich über meine Möglichkeiten auf. Er riet mir davon ab, vor das Familiengericht zu gehen, dort hätte ich keine Chance – zu wenig sei in zu langer Zeit vorgefallen. Dass es bereits drei Jahre ging, sei nicht relevant. Er glaubte auch nicht daran, dass man die Polizei zu weiteren Ermittlungen motivieren könnte. Also riet er mir zu einer anderen Methode: einem anwaltlichen Schreiben, das Jörg aufforderte, jeden Kontakt zu unterlassen, und mit Konsequenzen drohte. Das haben wir dann gemacht.«

»Und hat es geholfen?«

»Jörg antwortete auf das Schreiben in einem langen Brief mit Erklärungen und Verleumdungen. Der Anwalt schickte mir das dann zu, damit ich Stellung nahm.«

»Das hat er nicht getan!«, sagte ich ungläubig. »Jörg geht es doch offensichtlich darum, den Kontakt zu dir zu erzwingen. Mit diesen Anschuldigungen wollte er deine Antwort provozieren.«

»Ja, wahrscheinlich ...«

»Ich kann nicht verstehen, wieso ein erfahrener Anwalt dieses infame Schreiben eines Stalkers an dich weiterleitet und dich dann auch noch auffordert, dich zu erklären! Damit stellt er doch den Kontakt zwischen euch her, liefert die von Jörg geforderte Reaktion und macht sich nur zum Komplizen des Täters!«

Wie erwartet, war es mit einer Antwort von Martinas Anwalt nicht getan: »Jörg schickte noch mehr Erklärungen für sein Verhalten, schrieb lange Texte, in denen er mir wiederholt vorwarf, die eigentliche Täterin zu sein, die ihn verfolgte und verleumdete. Der Anwalt ließ mich daraufhin wissen, dass weitere Antworten von seiner Seite im ausgemachten Honorar nicht mehr enthalten waren. Der Aufforderung, die Kosten für den Anwalt zu übernehmen, war Jörg – natürlich – nie nachgekommen. Also zahlte ich die 800 Euro, die bei der vom Anwalt bestimmten Schadenssumme von 4000 Euro fällig wurden, und verzichtete auf weitere Kommunikation. Aber danach hatte ich Ruhe! Es hatte mich zwar einiges an Geld gekostet, aber es schien gewirkt zu haben!«

Aber der Stille war nicht zu trauen. Und in der Tat, vor kurzem begann Jörg wieder, ihr auf Twitter zu folgen, und fragte sie bei einer Spiele-App als Quiz-Partnerin an. »Es könnte alles wieder von vorn losgehen. Dieser Gedanke ist der schlimmste«, beendete Martina ihre Erzählung.

So furchtbar ihre Geschichte war, so sehr erleichterte mich der Austausch mit anderen Betroffenen. Nicht nur mir erging es so, nicht nur ich hatte Probleme, das Stalking zu ignorieren oder es zur Anzeige zu bringen. Ich fühlte mich nicht mehr so allein, gleichzeitig regte es mich wahnsinnig auf, dass wir alle mit den gleichen Schwierigkeiten zu kämpfen hatten, die doch eigentlich so leicht zu lösen schienen.

Ein Freund machte mich auf Sylvias Geschichte aufmerksam – sie hatte sie schon im Februar 2013 auf ihrem Blog veröffentlicht, den Eintrag dazu betitelte sie mit: »Weil das hier eben doch nicht nur Internet ist.« Zu dem Zeitpunkt wird sie seit sieben Jahren von einem Mann, den sie nicht kennt, auf ihrem Blog gestalkt – über 1000 Kommentare und Mails schickte er ihr.

Er beginnt 2006 mit ungeschickt formulierten Kommentaren, sie bittet ihn höflich, nicht mehr bei ihr zu kommentieren, er schreibt ihr, dass er ihren Schreibstil verehre, fragt sie, ob sie einen Freund hätte, *so sexuell gesehen*. Sie hört auf zu reagieren, also wirft er ihr vor, Probleme zu haben und professionelle Hilfe zu benötigen. Kurze Zeit später bedroht er sie zum ersten Mal: *(...) Und dort lege dir den Mühlstein um den Hals, den ich so fleißig neben mir hergerollt habe. Leider paßt nur dein Kopf rein (...). Und dann nur ein kleiner Sprung und alles ist vorbei. Ich bleibe noch ein wenig am Ufer sitzen und zähle die Luftblasen.*

Oder: *Vielleicht sollte ich dich einfach noch mal mit anderer Frisur verfolgen, dir wieder etwas in den Drink tun und dich erneut entführen. Und dann binde ich dich irgendwo fest, damit du dir selbst nichts antun kannst und endlich mit mir redest, vorher laß ich dich nicht wieder gehen. Ich muß das tun, als Stalker bleibt mir nichts anderes übrig.*

Ich las den Artikel in ihrem Blog entsetzt und empfand ihre Erfahrungen als schlimmer als meine eigenen – ich konnte mir nicht vorstellen, wie ich auf gewalttätigen Drohungen reagieren würde. Als ich sie später zum ersten Mal persönlich traf, sagte sie mir, sie fände meine Geschichte weit beängstigender als ihre. Denn »ihr« Stalker beschränkte sich darauf, Kommentare auf ihrem Blog zu posten, solange sie ihn ließ. Die Ausweitung auf andere Kanäle wie Anrufe und Post fände sie weit bedrohlicher.

Als Sylvia die erste Anzeige erstatten will, sagt ihr der Beamte auf der Wache, dass es im Internet keine Regeln gibt.

Dennoch wird der Täter ermittelt, »nach einer sagenhaften Odyssee«, wie Sylvia es nennt, mehr will sie dazu nicht sagen. Matthias S. aus K. entschuldigt sich und gelobt Besserung, nur, um sich direkt im Anschluss auf ihrem Blog zu melden: *Sag mal spinnst du, was fällt dir ein mich anzuzeigen? Als ob ich nicht schon Probleme genug hätte, ey. Küss mich lieber, wenn du sonst nichts zu tun hast.*

Er lässt sich weder von einer Gefährderansprache durch die Polizei noch durch ein anwaltliches Schreiben stoppen (im Gegenteil: Er beginnt die Kanzlei mit Mails zu terrorisieren). Sylvia schließt ihren alten Blog und eröffnet einen neuen mit anderem Namen, ohne Adresse, Kontaktformular und Kommentarmöglichkeit. Er findet auch diesen und macht weiter: *DU hättest längst erkennen müssen, dass ich kein Nachsteller bin. Und wenn du wieder nicht antwortest, dann komme ich nicht umhin, dich bis an mein Lebensende zu fragen ...*

Sylvias erste Anzeige wird mit der Begründung eingestellt, das Verhalten des Beschuldigten sei lediglich »unschön und/oder lästig«, aber »letztlich anonym« und könnte durch zumutbare Mittel, wie die Schließung ihres Blogs, beendet werden.

Sylvia versucht, Matthias S. anders zu entgehen, sie verschleiert ihre Identität, löscht seine Kommentare, sperrt IP-Adressen, Mail-Adressen und Namen, ignoriert und blockiert ihn. Nichts hilft, er findet immer wieder Wege, sie zu kontaktieren, wenn er nicht auf ihrem Blog kommentieren kann, schreibt er ihr E-Mails. 144 in einem Monat, dreißig allein in einer Nacht. Das empfindet sie als schlimmer, weswegen sie ihn lieber Kommentare schreiben lässt. Er macht weiter, nun schon sieben Jahre lang.

An die Öffentlichkeit wendet sie sich zum ersten Mal im

Januar 2013. Auf Twitter schreibt sie, *dass ich es selbst schuld bin, gestalkt zu werden, wenn ich mich als Frau »im Internet exponiere«*. Und hängt das Hashtag *#Aufschrei* dran. Im Anschluss daran formuliert sie ihren Blog-Artikel, veröffentlicht einzelne Nachrichten und beschreibt ihren Kampf mit der Staatsanwaltschaft und der Polizei.

Neben viel Zuspruch, den ihr die Veröffentlichung bringt, erfährt sie eine überraschend große Menge Antipathie und Feindseligkeit. Sie erhält anonyme Nachrichten, in denen sie als Aufmerksamkeits-Hure beschimpft und bedroht wird. Es finden sich Trittbrettfahrer, die es dem Stalker gleichtun wollen. Aber nicht nur das, Matthias S. wird nach kurzer Ruhephase wieder aktiv, wenige Tage nach der Veröffentlichung schreibt er ihr erneut.

Sylvia sucht sich einen neuen Anwalt und erwirkt mit ihm zusammen eine einstweilige Verfügung, es wird dem Stalker verboten, mit ihr Kontakt aufzunehmen. Er verstößt umgehend dagegen: *Guten Tag, ich weiß dass ich gegen das Gebot verstosse, sie zu kontaktieren. Aber es lässt mir keine Ruhe (...) schimpf mich nicht und hör auf mich zu ärgern, bevor ich wirklich sauer werde.*

Sylvia rappelt sich wieder auf, erstattet Anzeige, strengt ein Verfahren an. Wenige Wochen später sehe ich ihre Nachricht auf Facebook: Das Verfahren wurde eingestellt! Die Richterin hat den Beschuldigten angehört, er war geständig und schien »sein Verhalten zu bedauern«. Er sei »hinreichend gewarnt«, befand sie und erhob eine Strafzahlung von 300 Euro. Für mittlerweile fast acht Jahre Stalking. Wenn es nicht so traurig wäre, müsste man darüber lachen.

Die Hartnäckigkeit von Sylvias Stalker macht mich sprachlos, er hat sie nie getroffen, wohnt hunderte Kilometer von ihr entfernt. Lediglich ihren Blog verfolgt er und entwickelte eine Obsession, die erschreckend ist.

Wir teilten viele Erfahrungen im Umgang mit dem Stalking: die Hilflosigkeit und Wut in der Auseinandersetzung mit dem juristischen System, die Enttäuschung, wenn das, was passierte, wieder einmal »lediglich Belästigung« genannt wurde, und die Erfahrung von verzweifelter Hilflosigkeit angesichts der unermüdlichen Verfolgung, gegen die wir scheinbar so machtlos waren. Und ganz besonders teilten wir unsere Frustration mit Anwälten.

Nachdem der von mir kontaktierte Anwalt im März noch frohen Mutes war und mich ermutigte, eine weitere Anzeige zu erstatten, war seine Energie mittlerweile verflogen. Er beantragte noch Akteneinsicht für den ersten Fall und leitete mir die Akte weiter, danach hörte ich nichts mehr. Ich bat ihn per Mail nochmals, das Schreiben für Z. fertig zu machen. Als er darauf nicht reagierte, rief ich in der Kanzlei an. Immer wieder. Denn selbst als ich beim dritten Anruf meinen Unmut über die Situation mehr als deutlich formulierte, erhielt ich keinen Rückruf. Der Anwaltsgehilfe wiederholte bei jeder meiner Anfragen lediglich, er sei im Moment nicht erreichbar, würde sich aber sofort zurückmelden.

Mein Anwalt ließ sich also am Telefon verleugnen und reagierte nicht mehr auf Mails. Einen Grund dafür gab er mir nicht. Er wusste, dass ich den Blog veröffentlichen würde. Zwar hatte er mir nicht ausdrücklich dazu geraten, sah allerdings auch keine juristischen Schwierigkeiten. Vielleicht störte ihn der Artikel in der *Süddeutschen Zeitung*? Eventuell sogar, dass der Journalist dafür einen anderen Anwalt befragt hatte? (Womit ich nichts zu tun hatte.) Ich konnte nur spekulieren und lange Zeit ohnehin nicht glauben, was da passierte. Also hoffte ich einfach, er würde sich irgendwann wieder melden. Erst einige Wochen später begriff ich, dass das nicht geschehen würde.

Auch Sylvia hatte, als ich sie traf, bereits den dritten Anwalt »verschlissen«: Entweder gaben sie ihr Mandat auf, weil angeblich nichts mehr zu tun war, oder sie meldeten sich nicht mehr, wie in meinem Fall. Für Sylvia war das mittlerweile normal.

Gemeinsam spekulierten wir über mögliche Gründe. Zum einen sind Stalking-Fälle immer langwierig und oft regelrecht langweilig. Zum anderen haben sie einen geringen Streitwert. Nach Letzterem bemisst sich das Honorar eines Anwalts, Stalking-Opfer zu vertreten ist schlichtweg nicht sonderlich lukrativ. Zudem, das hatten sowohl Martina, Sylvia als auch ich wiederholt erfahren, erweist es sich als überaus schwer, die Staatsanwaltschaft von der Verfolgung eines Falles zu überzeugen. Die meisten Anzeigen werden eingestellt, ohne dass je öffentliche Klage erhoben wird und die Fälle vor Gericht kommen.

Stalking-Opfer bringen also nicht nur wenig Geld und kosten viel Zeit, die Erfolgsaussichten sind zudem vernichtend gering. Kein Wunder, dass den Anwälten schnell die Puste ausging!

Egal, was es für Gründe gab, für mich als Betroffene war es erschütternd, in einer solchen Situation vom Anwalt wortlos meinem Schicksal überlassen zu werden. Ich hätte nie damit gerechnet, dass jemand, dem ich ein bezahltes Mandat erteile, dies irgendwann einfach nicht mehr erfüllen will, und das auch noch, ohne Bescheid zu sagen oder Gründe zu nennen!

Einen neuen Anwalt zu suchen, dem die gesamte Geschichte wieder erläutern zu müssen und ihm neues Vertrauen zu schenken kostete nicht nur Zeit (und Geld), sondern jede Menge Nerven. Zuweilen hatten weder Martina, Sylvia noch ich die Kraft dazu.

Ich entzog meinem Anwalt das Mandat formal Anfang Juli. Er reagierte auch darauf nicht. Allerdings schickte mir die Kanzlei sofort die Rechnung für die entstandenen Kosten. Als ich diese nicht zahlte, kam sofort ein gerichtlicher Mahnbescheid, dessen Kosten am Ende höher waren als die der eigentlichen Rechnung. Natürlich war die Kanzlei dabei völlig im Recht. Aber ich war zu enttäuscht und wütend gewesen, um den ausstehenden Betrag zeitnah zu begleichen. Dafür zahlte ich später die horrenden Mahngebühren.

Kurze Zeit danach rief ich beim Weißen Ring an, einer Opferberatungsstelle, um nach einer Empfehlung für Anwälte in Berlin zu fragen. Am Telefon riet man mir nach kurzer Schilderung meines Falls als Erstes zu genau demjenigen, der sich eben feige aus der Affäre gezogen hatte. Als ich erklärte, was mir mit ihm passiert war, gab sich der Berater überrascht, versprach jedoch, mir weitere Namen per Mail zu schicken. Mein Vertrauen in seine Empfehlungen war nun nicht mehr sonderlich groß.

Aber ich wollte es nicht dabei belassen – wie konnte es sein, dass ein Anwalt, der plötzlich entschied, für einen Mandanten nicht mehr erreichbar zu sein, weiterhin von einer Opferhilfe empfohlen wurde? In einer Mail an den Weißen Ring beschrieb ich meine Erfahrungen mit dem Anwalt und regte an, die Empfehlung der Kanzlei für Stalking-Fälle vielleicht zu überdenken. Man antwortete mir, man hätte sich mit dem Anwalt besprochen und sehe keinen Grund, ihn nicht mehr vorzuschlagen. Trotzig erwiderte ich, dass ich mich nur wundern könnte, wie der Anwalt der Opferhilfe seinen plötzlichen Kontaktabbruch erklärte, so dass dieser entschied, eine Empfehlung sei weiterhin angebracht. Mir gegenüber hatte er, wie gesagt, nie nur irgendeinen Grund angedeutet. Darauf erhielt ich keine Antwort.

**Du
wolltest
es
doch**

Eine Frage, die sich mir die ganze Zeit stellte, war, ob Z. bei seinen Attacken wirklich so anonym war, wie er glaubte. Man hörte doch überall, gerade als Warnung, dass im Internet niemand anonym sei, jede Bewegung sei nachverfolgbar. Allerdings wusste ich mittlerweile ebenso, dass es einige Möglichkeiten gibt, diese Bewegungen zu verschleiern, wenn man sich nur informierte. Der Beamte bei der Polizei schien von Anfang an wenig Hoffnung zu haben, den Urheber der Nachrichten, Tweets und SMS ermitteln zu können. Nicht nur, weil IP-Adressen in Deutschland maximal sieben Tage gespeichert werden, sondern weil fast alle der von Z. verwendeten Adressen ins TOR-Netzwerk führten, und dort könne er »nichts mehr tun«, sagte er mir immer wieder. Aber stimmte das wirklich? Lag das an seinen beschränkten Mitteln, oder war das TOR-Netzwerk wirklich ein undurchdringlicher Schutzschild? Im Fall von Caroline Criado-Perez hatte eine Zeitung den Twitternutzer, der später wegen der Hassnachrichten verurteilt wurde, am Ende überführt und ihm die Tat nachgewiesen. Redakteure hatten den Benutzernamen recherchiert und in einem Forum für Computerspiele wiedergefunden. So konnte die Verbindung hergestellt werden.

Ich hoffte, dass es doch einen Weg gab, Z. als Täter eindeutig zu überführen, und kontaktierte deshalb den Chaos Computer Club, ein Verein, der in den 1980er Jahren von Hackern gegründet wurde und der sich heute für ein Menschenrecht auf »ungehinderte Kommunikation« einsetzt. Daneben wird der Club immer dann zu Rate gezogen, wenn es darum geht, die Systeme, Auswirkungen und Gefahren neuer Technologien zu erklären. Ein Großteil der 4500 Mitglieder sind Hacker – vielleicht könnte ich deren Neugier wecken? Eventuell sähen sie es sogar als eine

Herausforderung, den Ursprung all dieser Nachrichten zu finden?

Also schrieb ich eine Mail mit der Schilderung meines Falles, hängte Beispiele, Erläuterungen und die Adresse des Stalking-Blogs mit an und bat ganz konkret um Hilfe bei der Aufklärung. Die Antwort kam prompt, der CCC sei dafür nicht der richtige Ansprechpartner, man würde keine Dienstleister vermitteln oder empfehlen. Der Mitarbeiter schickte aber eine Portion Mitgefühl mit und riet mir, mich an einen Anwalt oder eine Beratungsstelle für Stalkingopfer zu wenden. Dieser Vorschlag überraschte mich dann doch, sollten nicht gerade Mitglieder des CCC ahnen, wie hilflos die »klassischen« Beratungsangebote im Falle von Online-Stalking waren?

Eine Bekannte bot mir an, erneut Kontakt herzustellen. Sie schickte mir eine Mailadresse, an die ich mich wenden konnte. Der Empfänger rief mich daraufhin zurück und sagte mir als Erstes, dass er sich beim Anschauen des Blogs sehr wunderte, warum ich immer noch private Informationen über mich ins Netz stellte. Ich fragte ihn, was er meinte, und er erwiderte, dass er sich frage, woher der Täter meine Mailadresse und Telefonnummer hatte. Und warum ich auf Facebook private Infos teilen würde. Da versuchte ich ihm zu erklären, dass ich zum einen keine »privaten« Infos auf Facebook teilte, sondern der Stalker mich kannte, und es zum anderen zu meinem Beruf gehörte, auf Facebook präsent zu sein. Weiter kam ich gar nicht: »Niemand muss auf Facebook sein«, unterbrach er mich brüsk. Stockend fuhr ich fort, dass das für mich schwierig war, weil ... »Niemand MUSS auf Facebook sein«, wiederholte er onkelhaft. Ich war verwirrt. Zwar wusste ich um die Skepsis, die der CCC gegenüber sozialen Netzwerken hegte, aber ich hätte durchaus mehr Verständnis dafür erwartet, dass ich mich im Netz frei bewegen wollte.

War es nicht ausgesuchtes Ziel des Stalkers, mich einzuschränken, damit ich meine Präsenz im Netz aufgab? Er wollte doch gerade erreichen, dass ich mein Leben seinen Vorstellungen anpasste, versuchte ich dem Mann am anderen Ende der Leitung zu erklären. Daneben sei ich verpflichtet, im Impressum meines Blogs eine Adresse und Telefonnummer anzugeben: Wie sollte ich das denn umgehen? Mein Gesprächspartner akzeptierte das kaum als Argument. Und so versuchte ich ihm klarzumachen, dass es mir eigentlich um etwas anderes ging. Doch er ließ sich nicht beruhigen: »Aber wenn es doch so schlimm ist, verstehe ich nicht, warum du immer noch so offensichtlich identifizierbar im Internet unterwegs bist.«

Ich musste einsehen, dass es keinen Sinn hatte, ihm meine Position verständlich zu machen. Also schwenkte ich auf ein anderes Argument um, schließlich wollte ich meine Fragen beantwortet haben, und erklärte ihm, dass es völlig egal war, ob ich auf Facebook oder Instagram war, der Stalker würde immer etwas finden, was er kommentieren könnte. Und wenn nicht, dann schickte er mir Tondachziegel per Post oder ließ Vermögensberater bei mir anrufen – kurz, es hatte nichts damit zu tun, wie ich mich verhielt! Ich war ziemlich wütend ob so viel ungefragter Belehrungen und merkte, wie meine Stimme lauter wurde. Aber ich durfte ihn nicht vollends vergraulen, ich wollte ja etwas von ihm wissen. Die Hoffnung, beim CCC jemanden zu finden, der Lust hatte, einen genaueren Blick auf meinen Fall zu werfen, hatte ich an der Stelle allerdings bereits aufgegeben.

Trotzdem achtete ich von jetzt an sehr darauf, nicht zu laut zu werden, um irgendwie zu ihm durchzudringen. Und ich fragte einfach direkt nach, wie undurchsichtig das TOR-Netzwerk denn sei. Ob es tatsächlich unmöglich sei, den Ausgangspunkt zu finden, ob man wirklich nichts weiter tun könne. Das TOR-Netzwerk ist anonym, sagte er mir. Es gebe keine reale Chance, den Ausgangspunkt einer Aktion, die über das Netzwerk geleitet wurde, ausfindig zu machen. Es täte ihm leid, aber er könne mir da nicht helfen, schloss er das Gespräch ab. Zumindest hatte ich jetzt Gewissheit.

Schon während des Telefonats ärgerte mich, dass dieser Mann meinte, mich belehren zu müssen. Mit ihm war mir genau das passiert, was ich vor dem Kontakt mit der Polizei und dem Anwalt am meisten gefürchtet hatte – er warf mir vor, dass ich erkennbar in sozialen Netzwerken unterwegs war und damit im Prinzip Mitschuld trug. Während ich den Fachmann vom CCC kontaktiert hatte, weil ich wissen wollte, ob er mir bei der eindeutigen Feststellung des Täters behilflich sein könnte, sah er sich zunächst bevollmächtigt, mir seine Meinung darüber, was ich falsch machte, aufzudrängen. Antworten auf meine Fragen gab er mir erst, als ich ihm wiederholt klarmachte, dass Z. mich stalkte, egal was ich tat.

Victim Blaming nennt man das im Englischen. Und ich kann mich wahrscheinlich glücklich schätzen, dass mir das in dem Ausmaß erst so spät widerfuhr.

Im Prinzip wollte das CCC-Mitglied von mir, dass ich im Netz das mied, was mich in die Gefahr brachte, von Z. weiterhin belästigt zu werden. Klingt wie eine simple Lösung, und einem Außenstehenden mag diese Taktik naheliegend und effektiv erscheinen. Verhängnisvoll an dieser Schlussfolgerung ist jedoch, dass sie die Schuldfrage umdreht: Nicht Z. steht so in der Verantwortung (mit seinen Angriffen aufzuhören), sondern ich sollte dafür sorgen, dass ich ihm und allem, was ihn provozieren könnte, aus dem Weg ging!

Die Belehrung von Opfern ist in der Regel einfacher, weil sie oft viel erreichbarer sind als die Täter. Gerade in meinem Fall, da ich (noch) keine eindeutigen Beweise hatte und Z. so nie öffentlich identifizieren konnte. Während man mir also mehr oder minder gut gemeinte Ratschläge (»Dann lies doch Twitter nicht mehr!«) aufdrängen kann, steht er für solcherlei Empfehlungen schlicht nicht zur Verfügung.

Ich sollte mich also zurückziehen und mein Leben ändern, wenn ich Ruhe haben wollte. »Zumutbar« nannte es die Staatsanwaltschaft, dass Sylvia ihren Blog, den sie seit Jahren führte und als wichtigen Teil ihres Lebens begriff, aufgab. Aber wäre es genauso »zumutbar«, dem Opfer eines Taschendiebstahls in einem Einkaufszentrum zu raten, man solle das Einkaufszentrum meiden? Oder eben keine Tasche mehr mitnehmen? Am besten einfach direkt zu Hause bleiben? Das wäre absurd.

Aber am Ende war es genau das Gleiche, wie mir zu sagen, ich solle trotz meines Jobs soziale Netzwerke meiden. Und Sylvia, sie solle ihren Blog schließen.

Als wäre das die Lösung im Kampf gegen Personen, die es sich zur Aufgabe gemacht hatten, uns zu verfolgen. Als ob es jenen nicht Genugtuung und Freude bereiten würde zu beobachten, wie wir versuchten, uns zu verstecken, und wie sie uns dann doch wieder fänden. Und trotzdem wären wir, die Opfer, schuld.

Der Begriff der Opferbeschuldigung – oder des Victim Blaming – hat sich aus der Diskussion um die Behandlung von Opfern sexueller Gewalt entwickelt. Vergewaltigungsopfer werden häufig beschuldigt, die Tat mit »auffälligem Verhalten« oder »unpassender Kleidung« provoziert oder sich nicht genug gewehrt zu haben und damit zumindest mitschuldig zu sein. Solche Vorwürfe bekommen die Opfer nicht nur vom Täter, sondern auch von Institutionen wie Polizei oder Krankenhäusern, die eigentlich helfen sollten, zu hören. Diese Beschuldigungen schaden enorm: Sie prägen sich ein und setzen sich fest, sie führen zu Scham und Selbstvorwürfen und am Ende dazu, dass Täter ungestraft bleiben, weil Opfer sich aus Angst vor Beschuldigungen nicht trauen, Anzeige zu erstatten. Gegen dieses Victim Blaming zu kämpfen kostet enorm viel Kraft – sich solche Vorwürfe nicht zu Herzen zu nehmen und sie als unrecht und einseitig zu erkennen, erfordert eine Stärke, die nicht jeder hat.

Im Oktober 2011 startete das »Project Unbreakable« damit, weibliche und männliche Opfer sexueller Gewalt mit den Aussagen von Tätern, Familienmitgliedern, Ärzten und Polizisten zu fotografieren: *Du wolltest es doch,* steht in großen Buchstaben auf einer weißen Tafel, die sich eine Person im Blumenkleid vor das Gesicht hält. *Wärst du meine Tochter, ich würde dich umbringen,* sagt eine Polizeibeamtin während der Befragung. *Das ist was beschissene Schlampen wie du verdienen,* hält ein junges Mädchen in die Kamera. Eine Krankenschwester wird zitiert mit: *Du musst ein echt schlechtes Karma von einem früheren Leben haben.* Auf einer weiteren Tafel steht: *Du bist nicht hübsch, also ist das alles, was Jungs von dir wollen.* Auch männliche Opfer sind darunter, für die es im Falle sexueller Gewalt noch schwerer ist, sich

Gehör zu verschaffen: *Du bist ein Kerl, du kannst zu einem Mädchen wie mir nicht nein sagen.* Die Bilder sind schwer zu ertragen.

Lange konzentrierte sich die Präventionsarbeit bei Sexualverbrechen auf das potentielle (weibliche) Opfer, anstatt die Täter in die Pflicht zu nehmen. Männliche Opfer werden fatalerweise komplett ignoriert. Und jungen Mädchen wird geraten, darauf zu achten, Männer nicht in irgendeiner Art zu provozieren oder sich selbst in Gefahr zu bringen – zum Beispiel indem sie Alkohol trinken, »aufreizende« Kleidung anziehen oder nachts allein nach Hause laufen. Als sei es die Verantwortung von Frauen, dafür zu sorgen, dass sie kein Opfer sexueller Gewalt werden. Im Englischen fasst man diese problematische Ansicht unter dem Begriff der »Rape Culture« zusammen.

Auf Twitter kursiert seit März 2014 der Hashtag *#rapecultureiswhen*, unter dem erschreckende Opfererzählungen gesammelt werden. Hier wird klar, worum es bei dem Begriff geht:

#rapecultureiswhen du zu deinen Freunden gehst und um Unterstützung bittest und sie dich fragen, was du anhattest. (Zerlina Maxwell, März 2014)

#rapecultureiswhen meine staatliche Schule jeden Tag Stunden damit verbringt, die Kleidung der Mädchen zu kontrollieren, und in vier Jahren nicht einmal das Thema Zustimmung diskutiert. (Chad Mayo, März 2014)

#rapecultureiswhen Vergewaltiger im Fernsehen immer die Fremden in einer dunklen Gasse oder reiche Playboys, die dich unter Drogen setzen, sind. Selten ist es der Freund oder Partner, der dich zwingt. (Robyn Swirling, März 2014)

Der grundlegend falsche Gedanke war und ist die Annahme, dass sich Gewalttaten vorhersagen und vermeiden lassen, wenn man nur die Umstände vermeidet, in denen sie passieren könnten. Dass diese »Umstände« weit vielfältiger und wahlloser sind, wird dabei ignoriert. De facto ist es unmöglich zu wissen, wann und warum man angegriffen wird. Schilderungen von Opfern sexueller Gewalt zeigen hundertfach, dass es unerheblich ist, ob man Pyjamas oder Netzstrumpfhosen trägt, ob man im Club tanzen geht oder mit dem Onkel zu Hause Fernsehen schaut.

Warnungen vor zu kurzen Röcken mögen fast altmodisch klingen – tatsächlich sind sie leider bis heute gegenwärtig: Im März 2014 ergab eine Umfrage in Brasilien, dass 65 Prozent der Befragten, Männer wie Frauen, der Meinung sind, dass »provokativ« gekleidete Frauen Übergriffe und Vergewaltigungen verdienen würden. Die Warnung davor, als Frau Alkohol zu trinken und sich mit steigendem Pegel zum Opfer zu machen, klingt aktueller. Doch das Perfide ist, dass es nicht nur Kampagnen gibt, in denen Frauen gewarnt werden, sich zu betrinken, wollten sie sich vor Angriffen schützen. Es kommt darüber hinaus immer wieder zu Urteilen, in denen Klagen abgewiesen werden, weil das Opfer betrunken war und/oder sich nicht genügend gewehrt habe. Erst im Oktober 2013 veröffentlichte die Journalistin Emily Yoffe auf der Website von *Slate.com* einen langen Artikel mit dem Titel: »College Women: Stop Getting Drunk.«

Dieser Ratschlag ist mit Sicherheit gut gemeint, doch er ist genau genommen nichts anderes als eine Beschuldigung der Opfer. Das Problem ist doch nicht das Verhalten der Opfer, sondern das der Täter! Spielen nicht solche Maßregelungen viel eher in des Täters Hände, indem sie zig Gründe liefern, die den Übergriff entschuldigen? *Das war keine Vergewaltigung. Du hast mich so scharf gemacht,* steht auf einem der Schilder, die ein Opfer auf einem Bild von »Project Unbreakable« in die Kamera hält.

Wäre es nicht viel effektiver und darüber hinaus fairer, potentielle Täter aufzuklären? Anstelle Menschen zu verbieten, sich auf Partys zu betrinken, weil sie sonst Opfer von Gewaltverbrechen würden, sollten Täter davon abgehalten werden, Situationen falsch zu interpretieren oder auszunutzen.

Ein gutes Beispiel ist eine Kampagne wie »Don't Be That Guy«, die im Oktober 2010 in Kanada von verschiedenen Selbsthilfegruppen gestartet wurde. Sie verwendet unter anderem ein Plakatmotiv mit jungen Frauen und Männern in einer Bar, darunter steht: *Nur weil sie trinkt, heißt das nicht, dass sie Sex will.* Oder die Kampagne der schottischen Polizei, die Fotografien von Männern zeigt, neben denen steht *Ich bin der Typ Mann, der mit einer Frau keinen Sex hat, wenn sie zu betrunken ist. Und du?*

Freilich, den Psychopathen, der nachts in dunklen Gassen Opfer überfällt, erreicht solch eine Kampagne nicht. Aber die Zahlen zeigen, dass es sich beim Großteil der Täter seltener um psychisch kranke Unbekannte handelt als viel häufiger um Verwandte, Freunde und Bekannte – oder (Ex-)Partner.

Auch als Stalking-Opfer wird man im Prinzip ständig explizit und implizit mit dem Vorwurf konfrontiert, mitschuldig am Ausmaß der Taten zu sein. Etwa, weil man sich nicht eindeutig genug für ein Kontaktverbot ausgesprochen hätte, weiterhin für den Täter erreichbar sei, sich doch zu Antworten hinreißen ließ oder nicht vorsichtig genug sei. Aber hätte ich mich jemals genügend schützen können? Die einzige Möglichkeit, mich Z.s Angriffen völlig zu entziehen, wäre eine komplette Änderung meines Lebens gewesen: Nicht nur, dass ich hätte umziehen, meine Telefonnummer wechseln, mir ein Postfach zulegen, meine Mailadressen und alle Social-Media-Konten löschen müssen. Ich hätte mich im Internet maximal noch unter falschem Namen bewegen dürfen. Mich zu »schützen« hätte außerdem geheißen, meinen Blog zu schließen und damit meine berufliche Grundlage zu zerstören. Wenn ich bereit dazu gewesen wäre, wäre es mir vielleicht gelungen, Z. zu entgehen. Was er dann im Netz angestellt hätte – ob er weitere Blogs mit Schmähungen gefüllt, falsche Profile mit Verleumdungen angelegt, Fotos mit Hassnachrichten verbreitet usw.: Ich hätte es zumindest nicht mehr mitbekommen. Und das hätte die Lösung sein sollen?

War es nicht viel eher so, dass ich mich als Opfer nie würde genügend gegen seine Angriffe schützen können? Weil er doch am längeren Hebel sitzt?

Es ist ein Machtspiel, das er unbedingt gewinnen will. Er macht die Regeln, er hat immer den ersten Zug, ich kann und soll nur reagieren. Sein Ziel ist es, meine Entscheidungen zu kontrollieren, zu bestimmen, was ich zu meiden hätte, wovor ich fliehen müsste. Er will mich wissen lassen, dass er die Macht über mich hat.

Lasse ich mich auf das Spiel ein, kann ich nur verlieren. Meine Rolle darin ist eng ausgelegt: Ich soll mit Rückzug auf seine Attacken reagieren. Eingeschüchtert. Verängstigt. Endlich zur Passivität verdammt.

Dieses Spiel musste ich erst durchschauen, um es umdrehen zu können. Bis dahin akzeptierte ich oft seine Regeln, denn schließlich wurde mir allenthalben dazu geraten. Genau das führte dazu, dass ich mir selbst vorwarf, das Stalking mit verschuldet und später weiter angeheizt zu haben, weil ich Ratschläge nicht (oder nicht gut genug) beachtete. Weil ich es zu nah an mich ranließ, es nicht ignorieren konnte, oder weil ich bestimmte Orte nicht mied, weil ich ihn weiter mit Veröffentlichungen provozierte, weil ich nicht genügend gegen ihn vorging, weil ich mich nicht genügend schützte. Martina formulierte diese Selbstvorwürfe kurz und knapp mit: »Ich habe mich selbst zum Opfer gemacht.«

Einmal in diesem Gedankenstrudel gefangen erdrückt uns die Hilflosigkeit.

Die Diskrepanz zwischen dem, was von mir als Opfer gefordert wird, und der Machtlosigkeit, der ich dennoch ausgeliefert bin, empfand ich früh als belastend. Die Balance zwischen Selbstschutz und Selbstbewusstsein zu halten fällt einem als Stalking-Opfer einfach enorm schwer.

Und das war der Grund, warum ich lange nicht einsah, meine Telefonnummer zu ändern. Ich hatte das Gefühl, damit einen Teil meiner Stärke aufzugeben, mich schwach zu zeigen und dem Täter, Z., Genugtuung zu verschaffen. Außerdem schien die Änderung meiner Nummer im Gesamtbild recht wirkungslos, würde der Stalker dadurch nur angeregt, neue Kontaktwege zu finden. Sylvia nannte mir ganz ähnliche Gründe, als wir darüber sprachen. Solange sie den Stalker auf ihrem Blog kommentieren ließ, würde er sie sonst »in Ruhe lassen«. Sobald sie ihm den Blog verwehrte, begann er, ihr Mails zu schreiben. Was würde passieren, wenn sie ihm diesen Weg abschneidet?

Nach der Veröffentlichung meines Stalker-Blogs erhielt ich bis Ende April 2013 noch Post im Auftrag von Z. – Werbebroschüren für Küchenarbeitsplatten, Tests für den Wasserhärtegrad,

Produktmuster von Teppichen und PVC-Belägen, Möbelkataloge, Muster für Kunstrasen und weitere Babypakete. Darunter war auch die erste Sendung mit Rechnung: Eine Firma hatte mir Stoffmuster im Wert von 180 Euro zukommen lassen. Ich ließ es umgehend zurückgehen. Dabei war ich als Empfängerin rein rechtlich gesehen nicht in der Beweispflicht, der Absender musste nachweisen, dass der Kaufvertrag rechtmäßig zustande gekommen war.

Ende April war aber Schluss mit den Sendungen, und es folgten zwei Monate herrlichster Ruhe. Das Gefühl, wieder frei atmen zu können, ohne Bedenken zum Briefkasten zu gehen, keine Kommentare mehr speichern zu müssen, keine Twitter-Konten zu prüfen, morgens keine fiesen SMS oder verpassten Anrufe auf dem Handydisplay zu sehen – kurz, mich nicht gegen diese Schikane verteidigen zu müssen, mein Leben nicht mehr gegen die Belästigung weiterführen zu müssen, sondern ohne Bedenken tun zu können, was ich wollte, war unbeschreiblich erleichternd.

Bis es Ende Juni 2013 wieder losging. In meinem Briefkasten fand ich Wirtschafts- und Rennsportmagazine, die ich nie angefordert hatte. Ich hatte den Hund eines Freundes regelmäßig fotografiert und die Bilder auf Instagram gestellt, also bekam er Post: Proben von Hundefutter und Kataloge für Hundespielzeug. Die Sendungen kamen nur hin und wieder, vielleicht einmal die Woche, aber es war mir sehr klar, dass Z. langsam wieder loslegte.

Dann kamen die nächtlichen Anrufe von unbekannter Nummer – viertel nach elf, drei Uhr morgens, dann halb sieben, zwanzig nach sieben und neun Uhr. Die Post war zwar nervig, aber irgendwie leichter zu verdrängen. Die Anrufe dagegen trafen einen wunderen Punkt – rief er mich da immer noch direkt an?

Jetzt entschied ich mich doch, meine Telefonnummer zu ändern. Es mag komisch klingen, dass ich für diesen Schritt über ein Jahr brauchte. Rückblickend kann ich selbst kaum nachvollziehen, wie lange ich gezögert habe. Vielleicht war es Trotz. Ich hielt es für eine Zumutung, eine Nummer, die ich seit Jahren hatte, die alle meine Freunde und Geschäftskontakte kannten, ändern zu müssen. Wie lange würde es dauern, bis wirklich alle wichtigen Kontakte die neue Nummer hätten? Wie viele wichtige Anrufe würden mir bis dahin entgehen? Die neue Nummer würde ich doch ebenso herausgeben müssen. Es kam für mich aus praktischen und finanziellen Gründen nicht infrage, mit zwei Nummern und zwei Telefonen, einem geschäftlichen und einem privaten, zu hantieren.

Das Behalten meiner alten Nummer war doch außerdem Teil meines Unwillens, den Attacken des Stalkers nachzugeben. Wartete Z. nicht eigentlich nur darauf, dass ich die Nummer änderte und er mit seinen Bedrängungen den Erfolg hatte, mir einen Aufwand beschert zu haben? Freute er sich nicht über die Genugtuung, dass ich klein beigeben musste? Meine Nummer zu ändern schien mir ein Zugeständnis zu sein, eines, zu dem ich nicht bereit war. Ich wollte doch stark und widerständig sein!

Also hatte ich mich in diese Idee verrannt, hielt das Behalten meiner Nummer für ein notwendiges Bollwerk im Kampf gegen das Opfersein. Was für ein Quatsch. Denn ich übersah, dass das Festhalten an meiner Nummer mir gar nichts brachte, sondern mir im Gegenteil nur schadete. Dadurch erschien ich nicht etwa stärker, sondern ich verzichtete auf eine wirklich einfache Schutzmaßnahme. Außerdem überschätzte ich den Aufwand und die Unannehmlichkeit, die eine neue Nummer mit sich brachten. Innerhalb von wenigen Stunden wies mir mein Anbieter eine neue Nummer zu, die Kosten dafür waren überschaubar. Ich teilte sie einem Großteil meiner Freunde mit, der Rest würde mich schließlich weiterhin per E-Mail erreichen können.

Die Erleichterung, die ich nach dem Wechsel spürte, war immens und darin beinah unerwartet. Mein Telefon gehörte wieder mir! Was aber nicht aufhörte, war das Herzklopfen, das jedes Mal einsetzte, wenn ich mit unterdrückter Nummer angerufen wurde. Eine Praxis, die vor allem Ämter und Rechtsanwälte pflegten.

Aber es half nichts: Der Albtraum hörte nicht auf. Anfang August bekam ich wieder Nachrichten auf mein Telefon: *Na?*, schrieb mir jemand. Dann: *Wir wünschen euch einen schönen Urlaub und Erholung von der Einraumwohnung!!!* Im Absender stand eine mir unbekannte Mailadresse. Kurz vorher hatte ich ein Urlaubsbild auf Instagram gestellt. Wie konnte das sein? Wie hatte Z. meine neue Nummer rausgefunden? Ich hatte mich furchtbar über die Nachrichten erschrocken.

Tatsächlich lief es anders: Bei dem iPhone, das ich besaß, konnte man Nachrichten nicht nur an die Telefonnummer, sondern auch an die Mailadresse schicken. Dies ließ sich leicht deaktivieren, allerdings gab es lange den Systemfehler, dass die Funktion bei der Synchronisierung des Geräts mit einem neuen Computer unbemerkt wieder aktiviert wurde. Später wurde dieser Systemfehler zum Glück behoben. Seit diesem Update konnte man außerdem endlich Telefonnummern für Anrufe und SMS sperren.

Z. hatte also meine neue Nummer nicht herausbekommen, aber meine Mailadresse stand ihm natürlich weiter zur Verfügung. Klar, auch die könnte ich ändern.

Allerdings kontaktierte mich Z. nicht nur über meine private Adresse, sondern auch über jene, die ich in meinem Blog angab. Nicht nur war ich dazu gesetzlich verpflichtet, aus geschäftlichen Gründen würde ich diese nie geheim halten können. Er schickte also hin und wieder Artikelempfehlungen, in die er als Absender meinen eigenen Namen eintrug, an die offizielle Mailadresse von *Stil in Berlin*. Das tut er bis heute. Zum Beispiel empfiehlt er mir einen Artikel der *B.Z., Berlin* über in Reinickendorf entdeckte Hundeköder, die mit Nägeln gefüllt sind mit dem Hinweis: *Sowas gibt's sicha auch in Mitte!* Oder er schickt mir als Reaktion auf einen Facebook-Post, in dem ich auf den großartigen Anti-Nazi-Blog »Lookismus gegen Rechts« hinweise, eine Mail, gesendet über einen Anonymisierungsdienst: *Bei deinem Intellekt bleibt wohl keine andere Möglichkeit der Auseinandersetzung mit Nazis, als sich über deren Aussehen lustig zu machen. Typisch Modebloggerin!*

Eines Morgens tauchte dann ein Putzdienst vor meiner Wohnung auf und musste unverrichteter Dinge wieder gehen. Ich war nicht zu Hause und erfuhr davon erst, als der Chef der Firma mich im Büro anrief. Z. hatte den Dienst in meinem Namen bestellt.

Z. konnte und kann es nicht lassen – mittlerweile kommt es mir so vor, als wären das Nachwirkungen einer starken Sucht. Trotz des kalten Entzugs, zu dem ich ihn durch den Blog gezwungen hatte, verspürt er bis heute die Gier nach diesem erleichternden Gefühl, das dann eintritt, wenn er mir eine Hassnachricht schickt. Als wäre gerade an Tagen, die für ihn schlecht laufen, seine Fußballmannschaft verliert, seine Instagram-Fotos nicht genug bejubelt werden oder an denen einfach nicht so gutes Wetter ist, das Einzige, was seine Laune hebt, mir Beleidigungen zu schicken.

Im Juli saß ich irgendwann an meiner Buchhaltung, ich zögere so etwas oft zu lang raus und mache die Quartalsabrechnung erst, wenn es gar nicht mehr anders geht. Als ich meine Kontoauszüge durchging, fiel mir eine Buchung ins Auge, die ich nicht zuordnen konnte. Im April waren hundert Euro von meinem Konto an ein Frauenhaus überwiesen worden, ich konnte mich nicht erinnern, das beauftragt zu haben. Von dem Haus hatte ich noch nie gehört. Ich schaute auf die Webseite, aber immer noch fiel mir nicht ein, wann und warum ich diese Überweisung gemacht haben könnte. Moment, Z. hätte doch jetzt nicht wirklich …?

Ich rief bei meiner Bank an und fragte nach – die Überweisung war per Auftragsschein aufgegeben worden. Da ich einen solchen Schein schon Jahre nicht benutzt hatte, war mir sofort klar, dass meine Vermutung stimmte: Z. steckte dahinter. Woher er meine Kontodaten hatte, wusste ich nicht, allerdings war es durchaus möglich, dass er sich diese irgendwann notiert hat, als er sich während unserer kurzen Beziehung in meiner Wohnung aufhielt. Bei dem Gedanken wurde mir ein bisschen schlecht: Hatte er in der Zeit etwa alle Schubladen durchwühlt? War er jeden Stapel, jeden Ordner, jedes Regal durchgegangen? Hatte er Fotos von meinen Daten gemacht? Und was hatte er dann noch alles mitgehen lassen?

Wenige Tage später erhielt ich eine Kopie des Überweisungsträgers – mit wackligen Strichen hatte Z. meinen Namen, meine Kontonummer und den Betrag eingetragen. Ich sah den Buchstaben und Zahlen an, dass er sich sehr bemühte, seine Schrift zu verstellen. Er unterschrieb natürlich auch – die Unterschrift war nah dran an meiner (auch das hatte er wohl auf irgendeinem Papier in meiner Wohnung gesehen). Es schüttelte mich vor Ekel. Nicht nur, dass er dreist genug war, Geld von meinem Konto zu ziehen, er suchte sich dafür auch noch ein Frauenhaus aus, das Gewaltopfern Schutz bietet. Wie furchtbar verdorben war er, dass er zu solch geschmackloser Perfidität fähig war?

Ich schickte die Kopie des Scheins sofort an die Polizei. Wenn meine zahllosen Einreichungen von Twitter-Nachrichten, Anrufen, Paketen und SMS nicht schon ausreichten, um den Tatbestand der Nachstellung zu erfüllen, würde dieser Kontobetrug in jedem Fall hinreichend sein. Ich war mir sicher, dass meine Anzeige jetzt Erfolg hätte.

Das Ergebnis der Ermittlungen

Zwar hatten Z.s Angriffe deutlich abgenommen, aber die Anzeige lief noch und ich war überzeugt und willens, sie durchzuziehen. Meine Hoffnung auf Erfolg war groß, schließlich hatte ich die Dokumentation so gut wie möglich geführt, und Z.s Attacken waren kurz vor der Veröffentlichung des Blogs sehr viel aggressiver geworden. Zig Ausdrucke und Postsäcke hatte ich der Polizei geschickt. Außerdem gab es die identifizierbare IP-Adresse! Und er hatte Geld in meinem Namen von meinem Konto überwiesen! Das als Belästigung abzutun, hielt ich für unmöglich.

Anfang August schloss der Polizeibeamte die Ermittlungen ab und schickte die Akte zur Amtsanwaltschaft.

Zwei Wochen später erhielt ich den Bescheid: »Der Nachweis eines Vergehens kann nach dem Ergebnis der Ermittlungen nicht geführt werden. (…) Die lediglich als Belästigung zu wertenden Kontaktaufnahmen des Beschuldigten genügen diesen Anforderungen nicht.«

Das war genau der gleiche Brief, den ich im Februar erhalten hatte, der Absender war tatsächlich derselbe Amtsanwalt. Konnte das wahr sein? Ich rief bei dem Polizeibeamten an und fragte, wie umfangreich die eingereichte Akte war. Allein die Dokumentation seiner Ermittlungen und meiner Aussage umfasste über 80 Seiten. Dazu kam ein Beweisordner mit über 300 Kopien, Ausdrucken und Fotos. »Was ist denn aus der identifizierbaren IP-Adresse vom April geworden?«, fragte ich nach.

»Das war lediglich ein HotSpot, darüber lässt sich kein Täter ausfindig machen.«

»Ja, aber es war doch in Hamburg.«

»Das reicht leider nicht aus …«

»Und was war mit der Banküberweisung, haben Sie die mit abgegeben?«
»Ja.«
»Und das reichte auch nicht aus?!«
»Offensichtlich nicht ...«
Ich blieb sprachlos zurück.

Es genügte den Anforderungen nicht, wenn der Täter mir zigfach am Tag Beleidigungen schickte? Wenn er täglich Tondachziegel und Babynahrung in meinem Namen bestellte? Wenn er meine Telefonnummer bei ungezählten Versicherungen und Vermögensberatungen hinterließ? Wenn er meine Unterschrift fälschte, um Überweisungen zu tätigen? Wenn er mir anonyme SMS mit Drohungen schickte?

Müsste er erst vor meiner Haustür stehen und mich mit einem Messer bedrohen? Müsste ich bis dahin jeden weiteren Angriff ertragen, denn es handelte sich »lediglich um Belästigung«?!

Mein Fall involvierte keine unmittelbare Bedrohung durch den Stalker persönlich, auch hatte er mir nie Morddrohungen geschickt, wie Sylvia es erlebt hatte, oder war mir hinterhergelaufen wie Martinas Stalker. Aber deren Anzeigen wurden ebenso eingestellt – was war da los?

Für mich klangen ihre Erzählungen unerträglich genug, meinetwegen hätte jeder der Täter verurteilt werden können. Zumindest hätte man die Fälle vor Gericht verhandeln sollen. Wieso aber passierte das so selten? Am Ausmaß des Stalkings schien es nicht zu liegen, ich empfand meine Dokumentation der Beharrlichkeit bei der zweiten Anzeige eigentlich als ausreichend. Wieso also wurde die Anzeige eingestellt? Und so erging es nicht nur uns dreien: 2010 wurden 27 000 Nachstellungsdelikte angezeigt, 22 000 Täter wurden ermittelt, aber nur 414 wurden verurteilt.

Der Teufel steckte im Detail. Zwar kann man Stalking seit 2007 zur Anzeige bringen, aber die Formulierung des Paragrafen 238 des Strafgesetzbuches ist heikler, als ich je vermutet hätte. Denn ich übersah lange den wichtigsten Teil. Ließ ich die Aufzählung der Nachstellungs-Methoden weg, klang der Paragraf schon ganz anders: »Wer einem Menschen unbefugt nachstellt (...) und dadurch seine Lebensgestaltung schwerwiegend beeinträchtigt, wird mit Freiheitsstrafe bis zu drei Jahren oder mit Geldstrafe bestraft.«

Allein wer die »Lebensgestaltung schwerwiegend beeinträchtigt«, macht sich strafbar. Der Paragraf macht genau den Nachweis dieser Beeinträchtigung zur Voraussetzung für die Strafbarkeit. Und Nachstellung damit zum Erfolgsdelikt statt zum Eignungsdelikt.

Im Gegensatz zum Eignungsdelikt, bei dem ein bestimmtes Verhalten den Tatbestand erfüllt, ist bei einem Erfolgsdelikt die Tat erst dann strafrechtlich zu verfolgen, wenn die Tat zum Erfolg gebracht wird. Im Falle der Nachstellung also dann, wenn die »Lebensgestaltung schwerwiegend beeinträchtigt« wird. Diese Formulierung im Gesetzestext ist durchaus schwammig: Jeder mag die Grenze für »schwerwiegend« anders ziehen. Nach der Einführung des Paragrafen im Jahr 2007 lag es an den Gerichten, dies zu definieren. Aufgrund von mehreren Urteilen hat es sich heute eingebürgert, unter der schwerwiegenden Beeinträchtigung »unzumutbare, über das normale Maß hinausgehende Veränderungen in den Lebensverhältnissen« zu verstehen. Diese Formulierung stammt aus einem Urteil des Oberlandesgerichts Rostock von 2009, dass das Urteil eines Amtsgerichts gegen eine Studentin, die ihren Professor gestalkt hatte und deshalb zu einer Geldstrafe verurteilt worden war, wieder aufhob. Der Amtsanwalt, der meinen Fall einstellte, drückte sich ganz ähnlich aus. Das Rostocker Urteil wiederholte dabei, was das Oberlandesgericht Hamm bereits im Vorjahr entschied. Dort wurde festgestellt, dass unter schwerwiegenden Veränderungen ein Wohnortswechsel, Arbeitsplatzwechsel oder -verlust als auch die Angst, das Haus allein zu verlassen, verstanden werden. Diese Feststellung wurde zur Norm in der gerichtlichen Behandlung von Stalking. Man muss als Betroffener mindestens einen dieser drei Umstände nachweisen, damit es zur Erhebung einer Klage kommt.

Aus dieser Urteilssprechung folgt, dass viele Gerichte die »lediglich als subjektiv zu wertenden« Beschreibungen von Bedrohung und psychischer Bedrängnis, sowie körperlicher Folgen wie Schlafstörung oder Angstzustände, nicht als Nachweise der »schwerwiegenden Beeinträchtigung der Lebensgestaltung« im Sinne des Paragrafen anerkennen.

Zusätzlich wird von Betroffenen gefordert, einwandfrei und glaubhaft darzustellen, dass die Beeinträchtigungen durch das Stalking ausgelöst werden – ein einfacher Wohnortwechsel reicht nicht aus, es muss (wie auch immer) nachgewiesen werden, dass er aufgrund der Nachstellung passiert. Kurz gesagt: Stalking ist in Deutschland erst dann strafbar, wenn der Täter mit seinen Handlungen Erfolg und sein Ziel, das Leben des Opfers zu (zer)stören, erreicht hat.

Ich müsste erst umziehen, meinen Blog schließen und deshalb mein Einkommen verlieren, meine Wohnung nicht mehr allein verlassen und das mittels Gutachten nachweisen, damit der Amtsanwalt einen Anlass sieht, öffentliche Klage zu erheben und den Fall vor Gericht zu bringen. So einfach ist das. (Es hieße jedoch noch lange nicht, dass der Täter verurteilt würde. Nach der Amtsanwaltschaft heißt es, die Richter zu überzeugen.)

Leider erklärten mir das weder der Anwalt noch die Polizei noch die Beratungsstelle, die ich im März 2013 aufsuchte. Man fand diesen Hinweis auf keiner der populären Webseiten zum Thema Stalking oder in irgendeinem Ratgeber. Freilich, es klänge zynisch: Ziehen Sie um! Kündigen Sie Ihren Job! Verlassen Sie das Haus nicht mehr! Sammeln Sie zu allen diesen Dingen Gutachten und Nachweise! Aber genau so müsste man es formulieren. Und Achtung: Das Ganze muss glaubhaft sein! Ich hatte mit meiner demonstrativen Stärke bei der polizeilichen Aussage am Ende alles falsch gemacht.

Es gab durchaus Bestrebungen, den Paragrafen zu ändern und Stalking zum Eignungsdelikt zu machen. Die neue Bundesregierung nahm dieses Vorhaben sogar in den Koalitionsvertrag auf: »Beim Stalking stehen vielen Strafanzeigen auffällig wenige Verurteilungen gegenüber. Im Interesse der Opfer werden wir daher die tatbestandlichen Hürden für eine Verurteilung senken.« Zwar ist diese Formulierung wenig konkret, aber es steckt dennoch Hoffnung darin. Passiert ist allerdings bis heute wenig.

Die Änderung wäre nur eine kleine: Anstelle den Nachweis der bereits eingetretenen »schwerwiegenden Beeinträchtigungen« vom Opfer zu fordern, sollte es ausreichen, dass die aufgezählten Tatbestände geeignet sind, diese Beeinträchtigungen auszulösen. Mit dieser Änderung würde sich der Fokus auf die Handlungen des Täters verlegen, anstatt die Opfer zu einem Nachweis der Schäden zu zwingen.

Voraussetzung wäre dazu selbstverständlich ein Bewusstseinswechsel: Das Ausmaß, die Folgen und die Schwere von Stalking müssten ernster genommen werden als bisher.

Solche Neubewertungen von Taten hat es immer wieder gegeben, was früher als akzeptabel galt, beurteilen wir heute als Straftat. Wer könnte sich heute noch eine Formulierung wie diese vorstellen: *Zum ehelichen Leben gehört auch, die Unlust des Partners zu überwinden. Der Ehemann ist nicht darauf aus, ein Verbrechen zu begehen – manche Männer sind einfach rabiater.* Und doch ist sie kaum zwanzig Jahre alt. Der CDU-Abgeordnete Wolfgang von Stetten brachte dieses Argument 1995 als Grund hervor, warum Vergewaltigungen in der Ehe nicht unter Strafe stehen sollten. Hier hat sich die Bewertung des Gewaltverbrechens grundlegend geändert, und nur wenige würden heute noch ernsthaft behaupten, dass *die Ehe zum ehelichen Verkehr verpflichtet.*

Auf Grundlage des schwach formulierten Stalking-Paragrafen gibt es heute immer wieder Urteile, die sich gegen die Opfer wenden und den Tätern in die Hände spielen. Im März 2014 entschied ein Berliner Gericht, dass Stalking erst dann vorliegt, wenn der Adressat die Drohungen zur Kenntnis nimmt. Im betreffenden Fall waren Schreiben ungeöffnet direkt an die Polizei übergeben worden. Diese vermeintliche Selbstschutzmaßnahme führte dazu, dass die eigentlichen Beweismittel strafrechtlich nicht mehr verwendbar werden. Auch im oben genannten Rostocker Urteil wurden telefonische Nachrichten der Stalkerin aus dem Tatbestand ausgeschieden, da diesen »durch vergleichsweise einfache Maßnahmen der Eigenvorsorge, wie beispielsweise die Benutzung eines Anrufbeantworters« begegnet werden kann.

Stalking-Beratungen empfehlen dagegen oft, die Nachrichten von einem Anrufbeantworter aufnehmen zu lassen, damit man sie nachweisen kann. Auch die Post sollte man von Freunden prüfen lassen. Behinderten diese gut gemeinten Ratschläge am Ende die strafrechtliche Verfolgung nach dem heutigen Gesetz?

Im Februar 2014 stellte der Bundesgerichtshof darüber hinaus fest, dass typische körperlich-psychologische Effekte als Folge von Stalking keine Körperverletzung darstellen. Weder Schlafstörungen, Albträume, Nervosität noch Weinkrämpfe, Herzrasen, Bluthochdruck oder erhöhte Reizbarkeit reichten aus, um Gesundheitsschädigung als Folge von Nachstellungen nachzuweisen.

Der Beschluss des Bundesgerichtshofes wurde anlässlich der Verurteilung eines Stalkers zu einer Freiheitsstrafe und der anschließenden Unterbringung in einer psychiatrischen Klinik durch ein Landgericht gefällt. Das BGH entschied, das Urteil aufzuheben, da es sich nicht um Körperverletzung handelte. Zudem fällt Nachstellung nicht in den Bereich der »mittleren Kriminalität«, was notwendig wäre, um eine präventive Unterbringung des Täters in der Psychiatrie anzuordnen. Nachstellung ist also leichte Kriminalität. Als Opfer könnte man das durchaus als Beleidigung auffassen.

Aber auch wenn beide Anzeigen, die ich erstattet habe, ohne viele Ermittlungen eingestellt wurden, muss ich trotzdem jedem Stalking-Betroffenen raten, die Nachstellung so schnell es geht zur Anzeige zu bringen. Obwohl die Aussichten auf eine Verhandlung oder gar Verurteilung gering sind, muss die Polizei in jedem Fall ermitteln. Das führt in vielen Fällen zu einer Ansprache des Täters und damit vielleicht sogar zum Ende des Stalkings.

In vielen Polizeiwachen gibt es Opferschutzbeauftragte, welche oft einfühlsamer und geduldiger agieren, da sie im Umgang mit Betroffenen geschult wurden. Opfer können sie als Ansprechpartner bei der Anzeige erbeten.

Jede Anzeige erscheint in der Kriminalstatistik und hilft so, das Ausmaß, das Stalking heute angenommen hat, zumindest statistisch zu veranschaulichen.

Für eine Anzeige ist es unbedingt notwendig, alle Taten des Stalkers genauestens zu dokumentieren. Die Beweispflicht liegt zunächst beim Opfer, man muss nachweisen, dass das Stalking beharrlich war und ist. Es ist außerdem überaus hilfreich, dem gesamten Umfeld davon zu erzählen – so unangenehm es auch sein dürfte. Aber nur so garantiert man, dass es dem Stalker nicht gelingt, über nahestehende Dritte Kontakt zu erzwingen. Und es hat erhebliche Vorteile für das Seelenheil, wenn man sich an Menschen wenden kann, die das Problem verstehen.

Die Polizei gibt auf ihrer Webseite »So schützen Sie sich« gegen Stalking den Tipp, dem Täter einmal unmissverständlich klarzumachen, dass man keinen Kontakt zu ihm will. Man findet diesen Rat in so ziemlich jeder Publikation zum Thema. Zum einen hilft dies, sozial lediglich etwas unbegabten Menschen endgültig verständlich zu machen, dass man keine Lust auf sie hat, und in solchen leichten Fällen mag dieser Rat zum erwünschten Erfolg führen. Zum Zweiten ist es aber in schwereren Fällen vor allem eine Vorsichtsmaßnahme – genauso wie der sich anschließende Ratschlag, niemals auf den Stalker zu reagieren. Denn der Täter könnte das tatsächlich als Kontaktwunsch missverstehen (auch harmloseren Stalkern mangelt es in der Regel an der sozialen Kompetenz, Signale des Gegenübers korrekt zu verarbeiten). Viel wichtiger ist der totale Kontaktabbruch aber zum Dritten für die spätere Wirksamkeit einer strafrechtlichen Anzeige. Es könnte einem Stalkingopfer so ergehen, dass jeder weitere Kontakt, egal welcher Art, in einem möglichen Verfahren negativ ausgelegt wird. Schließlich hätte das Opfer widersprüchlich gehandelt und durch die wiederholte Reaktion nicht eindeutig genug signalisiert, dass es den Kontakt nicht wünscht. Dabei ist es unerheblich, welcher Art dieser Kontakt war.

Nachdem ich im August 2013 die Einstellung der zweiten Anzeige erhielt, kontaktierte ich den Anwalt, den der Journalist für den Artikel in der *Süddeutschen Zeitung* befragt hatte. Ich wollte wissen, was ich als Nächstes tun könnte. Seine Aussagen waren ernüchternd: Er hielt die zweite Einstellung für eine endgültige Absage der Amtsanwaltschaft. Ich sollte mich mit dem Gedanken anfreunden, dass das strafrechtliche Verfahren an diesem Punkt zu Ende sei. Mir stiegen bei diesen Worten die Tränen in die Augen. Wieso verwehrte man mir Hilfe?!

Mir stünde die Möglichkeit offen, ein zivilrechtliches Verfahren anzustreben, und natürlich könnte ich immer wieder Anzeige erstatten, entgegen jeder Erfolgsaussicht. Aber mir war schnell klar, dass mir die Kraft und Nerven für ein weiteres Verfahren fehlen würden.

Bevor mir das alles passiert ist, hätte ich auf diese Aussage mit Sicherheit mit Unverständnis reagiert. Mich gefragt, wie man so etwas sagen kann, man müsse doch weiterkämpfen und dürfe nicht aufgeben. Aber nun, da ich weiß, was abverlangt wird, verstehe ich jeden, der nach einem Scheitern zunächst nicht mehr die Kraft besitzt, weiterzumachen.

Aus der Akte meiner zweiten Anzeige erfuhr ich, dass die Polizei Z. nicht noch einmal angesprochen hatte. Denn sie konnten seine aktuelle Meldeadresse, seinen Aufenthaltsort, nicht feststellen. Als sich die Kollegen wieder an seine Eltern wandten, gaben diese an, nicht zu wissen, wo Z. war. Seit seinem Wegzug im Jahr 2000 hätten sie keinen Kontakt mehr zu ihrem Sohn, war ihre Aussage.

Nach seinem »offiziellen« Wegzug und der Abmeldung in Hamburg einige Jahre zuvor hatte er sich nirgendwo wieder angemeldet. Auch wenn es anhand seiner Veröffentlichungen im Netz deutlich erkennbar war, dass er sich die meiste Zeit in Hamburg aufhielt. Die fehlende Meldeadresse bedeutete auch, dass man ihm Post nur schwer offiziell zustellen könnte – vielleicht hatte mein erster Anwalt deswegen aufgegeben, weil er wusste, dass man ihm das Schreiben mit der Aufforderung, den Kontakt zu unterlassen, nicht ordentlich überreichen könnte. Auch für die Zusendung eines durch das Zivilgericht ausgesprochenen Kontaktverbots brauchte es eine Adresse.

Dass die Beamten Z. während der Ermittlungen zur ersten Anzeige im Dezember 2012 selbst im Haus seiner Eltern antrafen, wurde bei der neuen Ermittlung vergessen oder nicht beachtet. Die Polizei auf diesen Fehler hinzuweisen brächte wenig, sagte mir die Anwältin, die in meinem Namen Akteneinsicht beantragt hatte. Ich hatte sie beauftragt, weil der Amtsanwalt mir auf schriftliche Nachfrage die Einsicht in die Akte verweigerte und einen Anwalt forderte. Den ich wieder suchen, alles erklären, beauftragen und am Ende bezahlen musste.

Meine Anzeigen scheiterten nicht daran, dass Z. die Taten nicht nachgewiesen werden konnten, sondern daran, dass ich die »schwerwiegende Beeinträchtigung der Lebensgestaltung« nicht belegen konnte und die Taten deswegen nicht als Nachstellung anerkannt wurden. Deswegen beauftragte der Amtsanwalt die Polizei nie mit der Ermittlung des konkreten Absenders aller mich tyrannisierenden Sendungen der letzten Monate.

»Ich befürchte, da wird nichts weiter zu machen sein«, sagte mir die Anwältin.

Manchmal halte ich das alles für einen schlechten Scherz. Ein Scherz, der viel zu viel Energie und Nerven kostet. Letzte Woche fand ich in meinem Postkasten wieder Zeitungsabos, die ich nicht bestellt hatte.

Dieses Buch zu schreiben, kostete viel Kraft. Von der ich lange dachte, dass ich sie nicht hätte. Hier aber steht nun meine Geschichte, und ich weiß, dass auch du sie lesen wirst. Gar nicht anders kannst, als jede Seite, jedes Wort zu lesen. Lass dir zum Schluss gesagt sein: Ich werde niemals aufhören, mich gegen dich zu wehren. Du bist vielleicht Teil dieses Buches, aber egal wie sehr du es versuchst, du wirst nie Teil meines Lebens sein.

Dank

Danke an alle, die mir ihre Geschichten erzählt haben. An Anna-Catharina Gebbers, Stefanie Gerke, Jana Haeckel, Antje Stahl und Marianne Wagner, die mein Manuskript gelesen und kommentiert haben.

Danke an meine Lektorin Franziska Beyer und an meinen Agenten Thomas Hölzl. Danke auch an Teresa Bücker, Florian Duijsens, Katja Kullmann und Malte Welding. Danke an Till Janz, Betty Sommer, Kirsten Hermann und Tricia Le Hanne für das Coverfoto. Und an alle weiteren, die dieses Buch unterstützt, gefördert und ermöglicht haben.

Danke auch an die unermüdliche und ehrenamtliche Arbeit von Christine Doering, die mit ihrer Webseite www.stalking-justiz.de und der Facebook-Seite »Gegen Stalking« rastlos um Aufmerksamkeit für diese Straftat kämpft.

Außerdem an den Berliner Verein Stop-Stalking, der seit 2008 Stalker berät und damit einen wichtigen Beitrag zur Bekämpfung von Stalking leistet, der sich nicht ausschließlich auf die Opfer konzentriert, sondern die Täter in die Pflicht nimmt.

Unterstützen Sie die Petition zur Änderung des Stalking-Paragrafen auf Change.org

Nicht nur ich hatte mit dem Versuch, die Nachstellungen zur Anzeige zu bringen, keinen Erfolg. Jährlich geht es zehntausenden Betroffenen so. Nur knapp 500 von jährlich ca. 25 000 Anzeigen führen zur gerichtlichen Verhandlung. Dieses Missverhältnis ist zu krass, um es zu ignorieren.

So aussichtslos wie die juristische Situation von Stalking-Betroffenen derzeit ist, kann sie nicht bleiben.

Eine Gesetzesänderung, die Stalking vom Erfolgs- zum Eignungsdelikt macht ist eine kleine, aber längst überfällige Korrektur. Nach aktuellem Gesetz sind es die Opfer, die schwerwiegende Beeinträchtigung der eigenen Lebensgestaltung nachweisen müssen, damit es zur Anklage kommt! Aus diesem Grund muss der Paragraf §238 des Strafgesetzbuches umformuliert werden: Es muss ausreichen, dass die Taten der Nachstellung durch Stalker dazu geeignet sind, die Lebensgestaltung schwerwiegend zu beeinträchtigen.

Diese Änderung würde Opfer entlasten und neuen und wichtigen Handlungsspielraum bei der Ermittlung und Verfolgung von Stalking-Tätern eröffnen.

Um dieses Anliegen zu unterstützen, bitte ich Sie, meine Petition an das Justizministerium zu unterschreiben:

www.change.org/stalkingparagraf